GLAS
KLAR

Philip Kiefer

Neues Sammelsurium für Kinder

Ravensburger Buchverlag

Bibliografische Information Der Deutschen Bibliothek:

Die Deutsche Bibliothek verzeichnet diese Publikation in der Deutschen Nationalbibliografie; detaillierte bibliografische Daten sind im Internet über *http://dnb.ddb.de* abrufbar.

4 3 2 1 10 09 08 07

Postfach 1860, 88188 Ravensburg

Illustrationen: Roland Prillwitz
Redaktion: Sabine Zürn
Printed in Germany
ISBN 978-3-473-55141-5

www.ravensburger.de

Inhalt

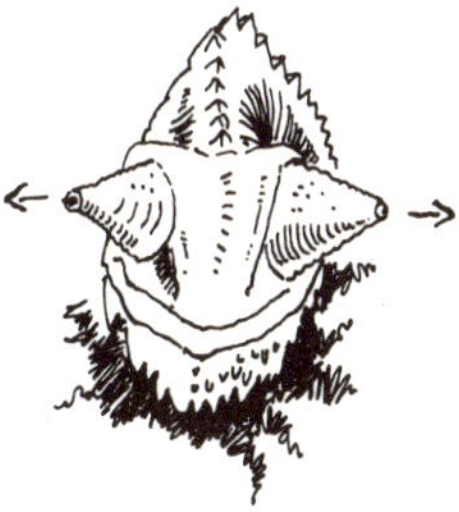

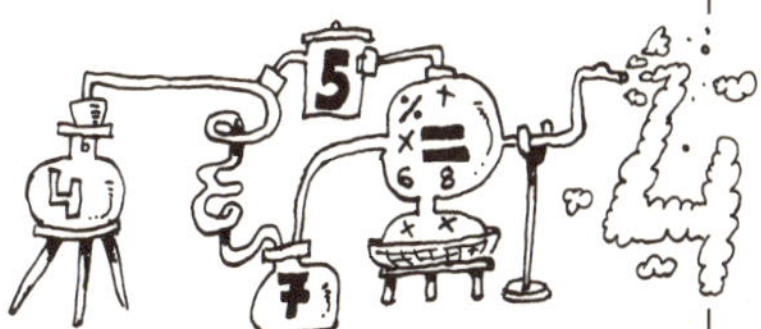

Kennst du schon die Geschichte vom Jungen,

Am Anfang …

… jedes Kapitels findest du eine kniffligе Quizfrage. Notiere jeweils den Buchstaben der richtigen Antwort auf einem Blatt Papier. Aneinandergereiht ergeben die Buchstaben ein Insekt, das zwei Tiere im Namen hat, aber eigentlich eine Wespe ist. Das Lösungswort kannst du auf Seite 128 nachschlagen.

der ein Fernglas zum Geburtstag geschenkt bekam,

Das Chamäleon ...

... ist eine Echse, die ihre Hautfarbe je nach Stimmung verändert. Es verfärbt sich z. B. blau, grün oder gelb. Früher dachte man, dass ein Chamäleon die Hautfarbe verändert, um sich zu tarnen. Das ist aber falsch.

Das Wort Chamäleon stammt aus dem Griechischen und bedeutet „Zwerglöwe“.

Chamäleons haben die schnellsten Zungen der Welt! Sie schleudern sie mit einer Geschwindigkeit von etwa 6 Metern pro Sekunde aus dem Mund, um Insekten zu fangen. Beim Herausschießen ist die Zunge des Chamäleons bis zu 10-mal länger als im Ruhezustand.

Bei der Suche nach Beute klettern Chamäleons im Zeitlupentempo zwischen den Zweigen umher. Bei der geringsten Störung erstarrt ein Chamäleon und wartet geduldig, bis die Gefahr vorüber ist.

Die meisten Chamäleon-Arten legen Eier. Das Zwergstreifen-Chamäleon, das in Ostafrika lebt, bringt jedoch 10 bis 25 lebende Junge zur Welt.

Das Chamäleon kann seine Augen unabhängig von einander bewegen. Es kann dadurch gleichzeitig nach vorn und nach hinten sehen.

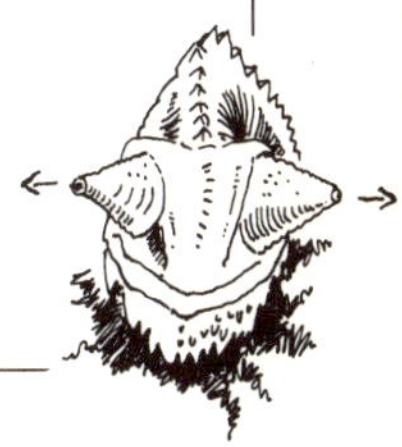

mit dem Fernglas die Nachbarn beobachtete

Städte und Länder

Welcher Staat hat weniger als 1000 Einwohner?

N) Andorra

B) Vatikan

R) Monaco

Weltbevölkerung

Im Jahr 1804 lebten eine Milliarde Menschen auf der Erde. Heute sind es bereits mehr als 6,5 Milliarden. Pro Sekunde kommen rund 2,6 Menschen hinzu, das sind …

… 156 Menschen pro Minute
… 9360 Menschen pro Stunde
… 224 640 Menschen pro Tag
… 1 572 480 Menschen pro Woche
… 6 739 200 Menschen pro Monat
… 81 993 600 Menschen pro Jahr

Das älteste Unternehmen der Welt …

… ist Kabushiki Gaisha Kongo Gumi in Japan. Das Tempelbau-Unternehmen wurde bereits im Jahr 578 gegründet. Erst im Januar 2006 (1428 Jahre nach der Gründung) machte die Firma Pleite und wurde von der Takenaka Corporation aufgekauft.

und eines Abends Zeuge eines Einbruchs wurde,

Die Flagge der USA …

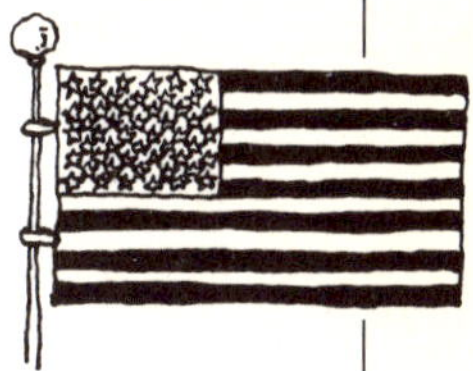

… wird auch als Sternenbanner bezeichnet. Links oben auf der Flagge befindet sich ein blaues Feld mit 50 weißen Sternen. Jeder Stern symbolisiert einen der 50 Bundesstaaten der USA. Die sieben roten und sechs weißen Streifen stehen für die 13 Staaten, die 1776 die USA gründeten.

Ursprünglich wurde der Flagge beim Beitritt eines Staates nicht nur ein neuer Stern, sondern auch ein Streifen hinzugefügt. 1818 wurde jedoch im Kongress der USA beschlossen, die Anzahl der Streifen auf 13 zu begrenzen und nur noch die Zahl der Sterne zu verändern. Die beiden letzten Bundesstaaten, die einen Stern auf der Flagge erhielten, waren Alaska und Hawaii im Jahr 1959.

Wasserfälle

Der höchste Wasserfall der Erde ist mit 978 Metern der Salto del Angel in Venezuela. Benannt wurde er nach seinem Entdecker Jimmy Angel.

Gemessen an der Wassermenge sind die Victoriafälle in Afrika am größten: Auf einer Breite von 1,7 Kilometern stürzen bis zu 10 000 Kubikmeter Wasser pro Sekunde in über 100 Meter Tiefe. Der Sprühnebel steigt bis zu 300 Meter auf und ist noch in 30 Kilometer Entfernung zu sehen.

daraufhin die Polizei alarmierte, die schnell kam,

Bundesländer und Kantone

Deutschland

Bundesland	Landes-hauptstadt	Fläche (km²)	Einwohner (Mio.)
Baden-Württemberg	Stuttgart	35 751	10,7
Bayern	München	70 549	12,4
Berlin	Berlin	892	3,4
Brandenburg	Potsdam	29 477	2,6
Bremen	Bremen	404	0,7
Hamburg	Hamburg	755	1,7
Hessen	Wiesbaden	21 114	6,1
Mecklenburg-Vorpommern	Schwerin	23 174	1,7
Niedersachsen	Hannover	47 618	8,0
Nordrhein-Westfalen	Düsseldorf	34 042	18,1
Rheinland-Pfalz	Mainz	19 847	4,1
Saarland	Saarbrücken	2 568	1,1
Sachsen	Dresden	18 414	4,3
Sachsen-Anhalt	Magdeburg	20 445	2,5
Schleswig-Holstein	Kiel	15 763	2,8
Thüringen	Erfurt	16 172	2,4

Was für Steine …

… findet man im Mittelmeer?

Lösung: Nasse Steine.

alles aussagte, was er gesehen hatte, aber eine

Österreich

Bundesland	Landeshauptstadt	Fläche (km²)	Einwohner (Mio.)
Burgenland	Eisenstadt	3 965	0,3
Kärnten	Klagenfurt	9 536	0,6
Niederösterreich	St. Pölten	19 178	1,6
Oberösterreich	Linz	11 982	1,4
Salzburg	Salzburg	7 154	0,5
Steiermark	Graz	16 392	1,2
Tirol	Innsbruck	12 648	0,7
Vorarlberg	Bregenz	2 601	0,4
Wien	Wien	415	1,6

Schweiz

Die Schweiz hat keine Bundesländer, sondern 26 Kantone. Die sieben flächenmäßig größten Kantone sind:

Kanton	Kantonhauptstadt	Fläche (km²)	Einwohner (Mio.)
Graubünden	Chur	7 105	0,2
Bern	Bern	5 959	1,0
Wallis	Sitten	5 224	0,3
Waadt	Lausanne	3 212	0,7
Tessin	Bellinzona	2 812	0,3
St. Gallen	St. Gallen	2 026	0,5
Zürich	Zürich	1 729	1,3

wichtige Sache für sich behielt, nämlich, dass ihm

20-mal Essen mit Ortsangabe

Amerikaner, Appenzeller Käse, Basler Mehlsuppe, Berliner, Böhmische Knödel, Hamburger, Hawaiitoast, Karlsbader Oblaten, Königsberger Klopse, Leipziger Allerlei, Linzertorte, Lübecker Marzipan, Luxemburgerli, Nürnberger Lebkuchen, Salzburger Nockerln, Schwarzwälder Kirschtorte, Spaghetti Bolognese, Thüringer Bratwurst, Wiener Schnitzel, Zürcher Geschnetzeltes

Kofferpacken ...

... ist ein beliebtes Spiel für die Geburtstagsparty. Und so geht's: Setzt euch in einem Kreis zusammen. Der jüngste Mitspieler beginnt mit dem Satz: „Ich packe meinen Koffer und lege ein paar Schuhe hinein." Jetzt muss der Nachbar einen weiteren Gegenstand in den Koffer packen, er sagt z.B. „Ich packe meinen Koffer und lege ein paar Schuhe und eine Zahnbürste hinein." So geht es reihum mit immer mehr Gegenständen. Wer vergisst, einen Gegenstand aufzuzählen, scheidet aus. Derjenige, der am Schluss übrig bleibt, ist der Sieger.

der Einbrecher ziemlich bekannt vorkam, dann

Woher stammt ein Auto mit dem Zeichen …?

A	Österreich
AL	Albanien
AND	Andorra
B	Belgien
BG	Bulgarien
BOL	Bolivien
BR	Brasilien
BY	Weißrussland
C	Kuba
TC	Kamerun
CDN	Kanada
CH	Schweiz
CY	Zypern
CZ	Tschechien
D	Deutschland
DK	Dänemark
DZ	Algerien
E	Spanien
EAK	Kenia
EST	Estland
ET	Ägypten
F	Frankreich
FIN	Finnland
FL	Liechtenstein
G	Gabun
GB	Großbritannien
GE	Georgien
GR	Griechenland
H	Ungarn
HR	Kroatien
I	Italien
IL	Israel
IND	Indien
IRL	Irland
IS	Island
J	Japan
JA	Jamaika
K	Kambodscha
KWT	Kuwait
L	Luxemburg
LT	Litauen
LV	Lettland
M	Malta
MA	Marokko
MC	Monaco
MD	Moldawien
MEX	Mexiko
MK	Mazedonien
N	Norwegen
NIC	Nicaragua
NL	Niederlande
NZ	Neuseeland
P	Portugal
PA	Panama
PE	Peru
PL	Polen
Q	Katar
RA	Argentinien
RC	China
RCH	Chile
RI	Indonesien
RO	Rumänien
ROK	Südkorea
RSM	San Marino
RUS	Russland
S	Schweden
SGP	Singapur
SK	Slowakei
SLO	Slowenien
SN	Senegal
T	Thailand
TN	Tunesien
TR	Türkei
UKR	Ukraine
USA	USA
V	Vatikanstadt
VN	Vietnam
WAL	Sierra Leone
ZA	Südafrika
ZW	Simbabwe

am nächsten Tag seinen besten Freund anrief und

So hießen die Städte früher

New York City hieß im 17. Jahrhundert noch Neu-Amsterdam. Die Stadt wurde nämlich von niederländischen Einwanderern gegründet. Heute hat New York etwa 8,2 Millionen Einwohner.

Tokio ist heute mit 8,5 Millionen Einwohnern und insgesamt 37 Millionen Menschen im Ballungsgebiet eine der größten Metropolen der Welt. Im 16. Jahrhundert war Tokio noch ein kleines Fischerdorf namens Edo.

Istanbul ist mit rund 10 Millionen Einwohnern die größte Stadt in der Türkei und siebtgrößte Stadt der Welt. Bis 1930 hieß Istanbul Konstantinopel – benannt nach dem römischen Kaiser Konstantin I. Vor dessen Regentschaft im vierten Jahrhundert hieß die Stadt Byzanz.

Mexiko-Stadt wurde 1325 von den Azteken gegründet, damals unter dem Namen Tenochtitlán. Die heutige Einwohnerzahl beträgt etwa 8,7 Millionen.

Die größte Stadt Europas

Die größte Stadt Europas ist Kiruna im Norden Schwedens – allerdings nur, was die Fläche angeht. Die Stadt ist mit knapp 20 000 Quadratkilometern halb so groß wie die Schweiz. Es leben dort aber nur rund 24 000 Einwohner.

ihn fragte, ob er Lust auf eine Verbrecherjagd habe,

Berühmte Brücken

Die nur 11 Meter lange Seufzerbrücke in Venedig wurde am Anfang des 17. Jahrhunderts erbaut. Sie verbindet den Dogenpalast mit dem alten Gefängnis der Stadt. Wer früher vom Dogengericht verurteilt wurde, den führte man über diese Brücke in den Kerker oder zur Exekution – für die Verurteilten ein guter Grund zum Seufzen.

Bereits im 14. Jahrhundert wurde die Ponte Vecchio („Alte Brücke") in Florenz errichtet. Diese Brücke ist, wie es früher üblich war, mit Häusern bebaut. Ursprünglich waren auf der Brücke vor allem Schlachter und Fischverkäufer ansässig. Wegen des Gestankes, den diese verursachten, ließ Herzog Ferdinand I. sie jedoch im Jahr 1593 vertreiben und vermietete die Häuser an Goldschmiede. Auch heute noch verkaufen Goldschmiede Schmuck auf der Brücke.

Die berühmteste Hängebrücke der Welt ist die 2,7 Kilometer lange Golden Gate Bridge. Seit 1937 überbrückt sie die Bucht von San Francisco. Zur Zeit des Goldrausches in der Mitte des 19. Jahrhunderts wurde die Einfahrt in diese Bucht Golden Gate („Goldenes Tor") genannt.

Wie heißt …?

… der chinesische Verkehrsminister?

(Lösung: Um Lei Tung)

ein geheimes Treffen mit ihm vereinbarte und,

Städte-Wahrzeichen

Athen	Akropolis	London	Tower Bridge
Barcelona	Sagrada Familia	Moskau	Kreml
Berlin	Brandenburger Tor	New York	Freiheitsstatue
Brüssel	Atomium	Paris	Eiffelturm
Eisenach	Wartburg	Pisa	Schiefer Turm
Flensburg	Nordertor	Rio de Janeiro	Zuckerhut
Innsbruck	Goldenes Dachl	Rom	Kolosseum
Istanbul	Hagia Sophia	Trier	Porta Nigra
Köln	Dom	Ulm	Münster
Kopenhagen	Kleine Meerjungfrau	Wien	Stephansdom

Die Freiheitsstatue ...

... vor dem Hafen von New York trägt in der linken Hand eine Tafel mit der Inschrift „JULY IV MDCCLXXVI". Diese steht für die amerikanische Unabhängigkeitserklärung am 4. Juli 1776.

In der Wüste ...

... sterben mehr Menschen durch Ertrinken als durch Verdursten! Grund: Häufig campieren Wüstenwanderer in ausgetrockneten Flussbetten, sogenannten Wadis. Wenn es regnet, fließt schnell ein reißender Fluss – und den Campern bleibt nur wenig Zeit zu flüchten.

als sie sich trafen, ihm berichtete, was er gesehen

Wer lebt wo?

Land	Bezeichnung der Bewohner
Andorra	Andorraner
Barbados	Barbadier
Elfenbeinküste	Ivorer
Jemen	Jemeniten
Kongo	Kongolesen
Laos	Laoten
Madagaskar	Madagassen
Monaco	Monegassen
Nepal	Nepalesen
Niger	Nigrer
Venezuela	Venezolaner
Zypern	Zyprer

Schweiz in aller Welt

„Schweiz“ ist nicht nur der Name des europäischen Landes. Weltweit gibt es fast 200 Landschaften, die Schweiz heißen, z. B. die …

… Berliner Schweiz
… Fränkische Schweiz
… Sächsische Schweiz
… Kollesleuker Schweiz
… Dithmarscher Schweiz
… Böhmische Schweiz
… Chilenische Schweiz
… Argentinische Schweiz
… Mongolische Schweiz
… Afrikanische Schweiz

hatte, nämlich einen Mann, der mit einem Sack

Die höchsten Berggipfel …

… in Deutschland

Name des Berggipfels	Höhe in Meter
Zugspitze	2962
Schneefernerkopf	2875
Wetterspitzen	2747

… in Österreich

Name des Berggipfels	Höhe in Meter
Großglockner	3798
Wildspitze	3774
Weißkugel	3738

… in der Schweiz

Name des Berggipfels	Höhe in Meter
Dufourspitze	4634
Nordend	4609
Zumsteinspitze	4563

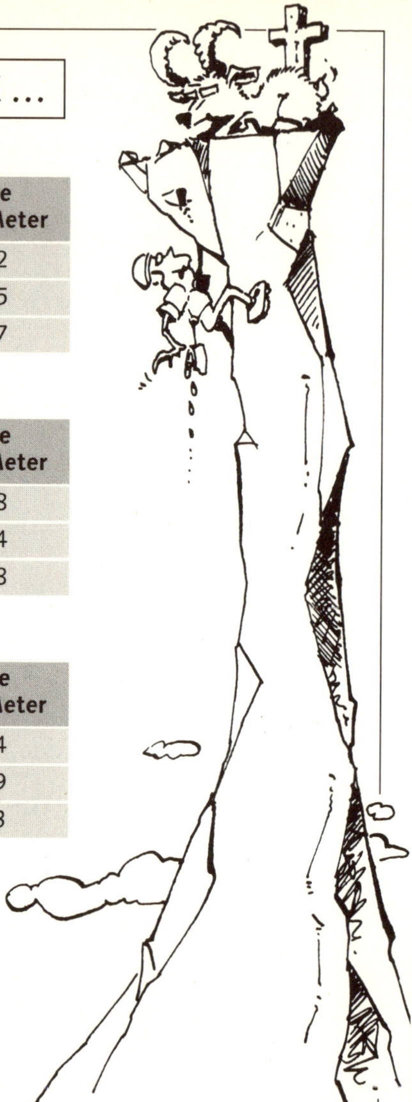

In welchem Land …

… kann man nicht leben?

(Lösung: Ro-land)

voller Wertgegenstände aus dem Nachbarhaus

Römische Städtenamen

Aquae Granni	Aachen
Augusta Treverorum	Trier
Augusta Vindelicum	Augsburg
Basileia	Basel
Bonna	Bonn
Cambodunum	Kempten
Civitas Ulpia Taunemsium	Frankfurt/M.
Colonia Claudia Ara Agrippinensium	Köln
Colonia Ulpia Traiana	Xanten
Confluentes	Koblenz
Constantia	Konstanz
Curia	Chur
Genava	Genf
Iuvavum	Salzburg
Lentia	Linz
Mogontiacum	Mainz
Novaesium	Neuss
Rigomagus	Remagen
Salodurum	Solothurn
Tasgaetium	Stein am Rhein
Turicum	Zürich
Vindobona	Wien

Die Hunzukuc

Im pakistanischen Hunza-Tal lebt das Volk der Hunzukuc, oft auch einfach Hunza genannt. Angeblich lebt dort das gesündeste Volk der Welt mit einer Lebenserwartung von über 130 Jahren. Die Wirklichkeit sieht aber anders aus: Die Hunzukuc haben eine genauso niedrige Lebenserwartung wie die anderen pakistanischen Bergvölker – nur etwa 50 Jahre, während sie in den Industrieländern um die 80 Jahre beträgt.

abgehauen war, erwähnend, dass ihn der Mann

Aus der Welt der Medien

Welche Tiere hat sich der Pop-Sänger Robbie Williams neben den Bauchnabel tätowieren lassen?

Y) Füchse
L) Elefanten
I) Schwalben

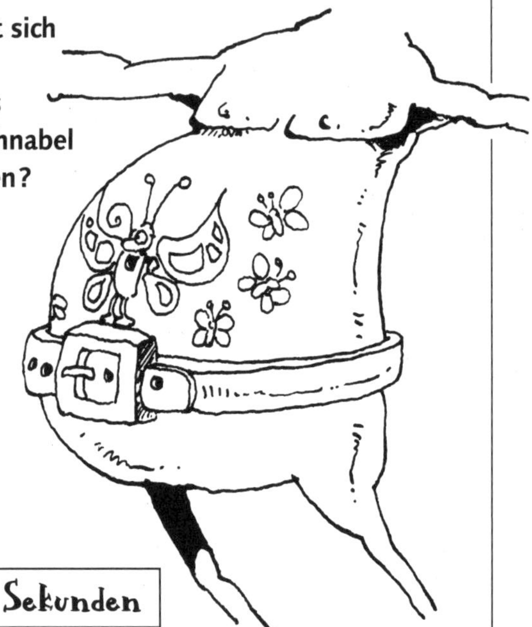

4 Minuten 33 Sekunden

Ein eigenartiges Musikstück hat sich der Komponist John Cage ausgedacht. Es heißt „4 Minuten 33 Sekunden“ und besteht aus drei Pausen. Wird es aufgeführt, öffnet z.B. ein Pianist den Klavierdeckel, wartet 4 Minuten 33 Sekunden und schließt den Deckel dann wieder, ohne einen Ton zu spielen. Das Musikstück wurde am 29. August 1952 zum ersten Mal aufgeführt – und begeistert das Publikum heute noch! Vielleicht wäre das was für die nächste Schulaufführung?

stark an den Exfreund seiner großen Schwester

Heute schon gelacht?

„Du bist so traurig."
„Ja, ich habe eben ein trauriges Buch gelesen."
„Welches denn?"
„Mein Sparbuch."

Spiele des Jahres

Seit 1979 wählt eine Jury jedes Jahr das beste „Spiel des Jahres". Diese Spiele haben die Auszeichnung bereits erhalten:

1979 Hase und Igel
1980 Rummikub
1981 Focus
1982 Sagaland
1983 Scotland Yard
1984 Dampfross
1985 Sherlock Holmes Criminal-Cabinet
1986 Heimlich & Co.
1987 Auf Achse
1988 Barbarossa
1989 Café International
1990 Adel verpflichtet
1991 Drunter & Drüber
1992 Um Reifenbreite
1993 Bluff
1994 Manhattan
1995 Siedler von Catan
1996 El Grande
1997 Mississippi Queen
1998 Elfenland
1999 Tikal
2000 Torres
2001 Carcassonne
2002 Villa Paletti
2003 Der Palast von Alhambra
2004 Zug um Zug
2005 Niagara
2006 Thurn & Taxis

erinnerte und der, seine Geschichte schließend, dass

10 Eigenschaften von Superman

Der Comic-Held Superman stammt vom Planeten Krypton. Dieser explodierte, als Superman noch ein kleiner Junge war. Er wurde zuvor von seinem Vater zur Erde geschickt, wo er vom Ehepaar Kent auf einer Farm großgezogen wurde. Später arbeitete Superman als Clark Kent bei der Zeitung Daily Planet. Seine Freizeit widmete er der Verbrecherjagd. Die folgenden Fähigkeiten halfen ihm dabei:

Supergehör
Mikroskopblick
Teleskopblick
Röntgenblick
Hitzeblick
Supergeruchssinn
Superpuste
Superstärke
Superschnelligkeit
Fähigkeit zu fliegen

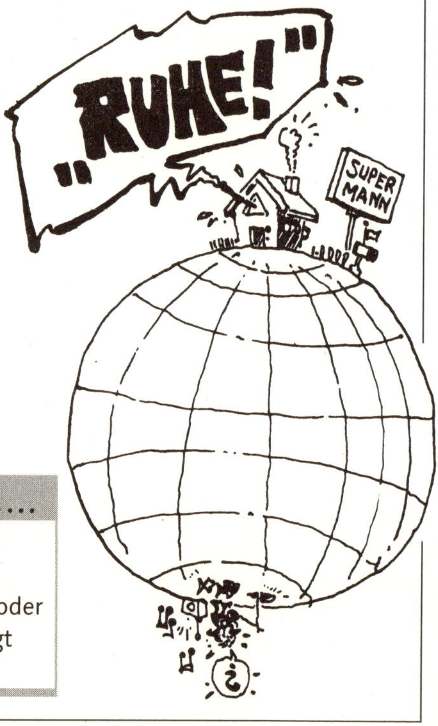

Die Wahrscheinlichkeit ...

... in Deutschland, Österreich oder der Schweiz beim Lotto nicht zu gewinnen – also 0, 1 oder 2 „Richtige" zu haben – beträgt rund 98 Prozent.

er den Verbrecher dazu bewegen wolle, das

Musik mit Gemüse

Mit Karotten lässt sich musizieren! 1998 wurde das 1. Wiener Gemüseorchester gegründet, das verschiedene Gemüse als Instrumente verwendet, z. B. Lauch, Bohnen, Kürbis, Salat, Karottenflöte, Gurkofon oder Zwiebelschalen. Damit spielt das Orchester den Radetzkymarsch und andere musikalische Werke.

Fehler in Filmen

Casablanca: In diesem Filmklassiker gibt es eine Szene, in der die Hauptdarstellerin Ilsa aus dem Fenster schaut – einmal ist am Fenster eine Markise angebracht, das andere Mal ein Vorhang.

Der rote Korsar: Während eines Piratenangriffs sieht man im Hintergrund einen modernen Ozeandampfer.

Ben Hur: Obwohl der Film zur Römerzeit spielt, sieht man in einer Szene einen Trompeter mit Armbanduhr.

Dirty Dancing: In einer Szene fahren die beiden Hauptdarsteller in einem Auto – der Schalthebel ist aber auf „Parken“ gestellt.

Forrest Gump: Lieutenant Dan, der eigentlich keine Beine mehr hat, springt ins Wasser – und man kann deutlich den Beinschlag erkennen.

Diebesgut wieder an den Eigentümer

Das Internet …

… wird weltweit von über 400 Millionen Menschen genutzt. In Deutschland verbringt der durchschnittliche Internetsurfer mehr als acht Stunden pro Monat im World Wide Web, in Österreich dagegen nur rund sechs Stunden.

Die häufigsten Internet-Domains

Eine Internet-Adresse besteht aus drei Teilen, die jeweils durch einen Punkt getrennt werden: die Abkürzung *www* (für World Wide Web), den Adressnamen sowie die Top Level Domain, also z. B. *www.ravensburger.de*. Ende April 2006 waren die zehn häufigsten Top Level Domains:

Top Level Domain	Anzahl der Adressen	Bedeutung
com	51 707 541	commercial
de	9 921 036	Deutschland
net	7 676 583	network
uk	5 039 470	United Kingdom
org	4 677 451	organization
info	2 953 088	information
nl	1 929 767	Niederlande
eu	1 842 067	Europäische Union
biz	1 402 182	business
it	1 162 416	Italien

zurückzugeben, woraufhin der Freund „Hurra" schrie

Alte Spiele, die heute noch Spaß machen

Als eines der ältesten Spiele der Welt gilt Backgammon. Im Iran fanden Archäologen ein Backgammon-Brett, das mehr als 5000 Jahre alt ist.

Ebenfalls uralt: Schere, Stein, Papier (auch Schnick, Schnack, Schnuck genannt). Dieses Spiel gibt es wahrscheinlich bereits seit mehreren Tausend Jahren.

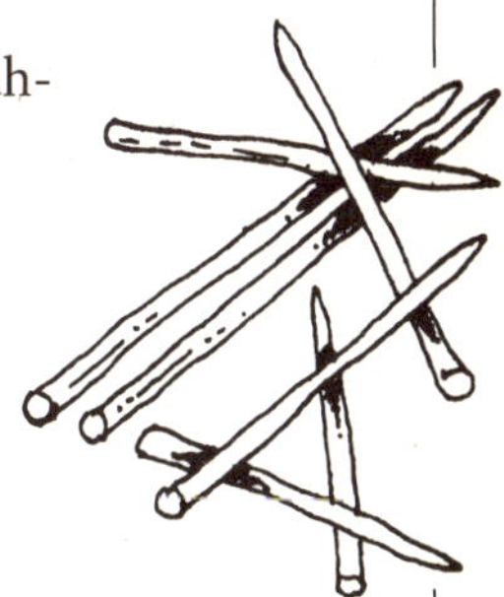

Das Zahlenlotto Keno, bei dem von 70 Zahlen zehn richtig getippt werden müssen, wurde von den Chinesen im 3. Jahrhundert vor Christus eingeführt, um den Bau der Chinesischen Mauer zu finanzieren.

Mikado wurde bereits von den alten Römern vor über 2000 Jahren gespielt.

Das Schachspiel wurde wahrscheinlich im 5. Jahrhundert in Indien erfunden und gelangte von dort nach Persien.

„Mensch, ärgere dich nicht“ wurde im Jahr 1908 von Josef Friedrich Schmidt entwickelt. Ein Spiel kostete damals nur 35 Pfennig.

Das Gesellschaftsspiel „Monopoly“ – eines der erfolgreichsten Spiele überhaupt – wird seit 1935 von der Firma Parker hergestellt.

und dem Jungen seine Hilfe zusagte, die beiden

Geräuschetricks

Regen Sand auf Pergamentpapier rieseln lassen oder Seidenpapier zerknittern

Donner Ein großes Blech oder einen großen Zeichenkarton wellenförmig bewegen

Meeresrauschen Ein Sieb mit getrockneten Erbsen füllen; das Sieb hin und her bewegen

Pferdegetrappel Mit zwei halben Kokosnussschalen auf verschiedene Unterlagen klopfen

Trittgeräusche Kleine Kisten mit Sand, Kies usw. füllen und darin herumspazieren

Feuer Cellophan zerknüllen

Geisterstimme Durch ein Rohr aus Pappe sprechen

Schuss Mit einem Lineal auf die Tischplatte schlagen

Jemand fällt ins Wasser Kleinen Sandsack in ein mit Wasser gefülltes Waschbecken plumpsen lassen

Tuten eines Dampfers Flasche halb mit Wasser füllen und seitlich hineinblasen

Fabrik Verschiedene Küchengeräte laufen lassen, hin und wieder mit dem Hammer auf ein Stück Holz klopfen

daraufhin einen gerissenen Plan ausheckten, bei

Kinderstars

Joy Gruttmann

Die 1995 geborene Joy Gruttmann sang bereits seit 1999 Kinderlieder für „Die Sendung mit der Maus". Ihr Lied von „Schnappi", einem kleinen Krokodil , wurde 2004/2005 in vielen Ländern zum absoluten Verkaufsschlager.

Inger Nilsson

Wetten du kennst diese Schwedin? Inger Nilsson spielte die Hauptrolle in den bekannten Pippi-Langstrumpf-Filmen. Mit vollem Namen heißt Pippi übrigens Pippilotta Viktualia Rollgardina Pfefferminz Efraimstochter Langstrumpf.

Mickey Mouse Club

Sicher kennst du die Weltstars Christina Aguilera, Britney Spears und Justin Timberlake. Aber wusstest du, dass alle drei bereits im Kindesalter populär wurden, als sie zusammen eine Sendung im amerikanischen Disney Channel („Mickey Mouse Club") moderierten?

Michael Jackson

Der 1958 geborene Popstar trat bereits als Kind mit den „Jackson Five" auf. Heute hat er selbst drei Kinder. Diese erhielten folgende Namen: Prince Michael jr., Paris Michael Katherine, Prince Michael II.

dem jede Gefahr vermieden werden sollte, obwohl

Stille Nacht

„Stille Nacht, heilige Nacht“ ist das wohl bekannteste Weihnachtslied der Welt. Es wurde in über 300 Sprachen übersetzt. Der Text zu dem Lied wurde im Jahr 1816 vom Hilfspriester Joseph Mohr im österreichischen Mariapfarr geschaffen. Der Dorfschullehrer Franz Xaver Gruber machte die Melodie dazu. Am 24. Dezember 1818 wurde „Stille Nacht, heilige Nacht“ in Oberndorf bei Salzburg erstmals vorgetragen.

Die erste Strophe
auf Hawaiianisch:
Po la`i e, po kamaha`o,
Maluhia, malamalama
Ka makuahine aloha e
Me ke keiki hemolele e
Moe me ka maluhia lani
Moe me ka maluhia lani

Die erste Strophe
auf Grönländisch:
Jûtdlime Kïmasugtut
íngilit Kilangmiut,
Paratîsimit aggiáput
târmut pivdlutik agpíput
mássa sarKúmernatik
mássa sarKúmernatik

Die erste Strophe
in Zulu-Sprache:
Busuku obuhle.
Kuthulile konke nya.
Emuzini eBethlehema,
uMsindisi azelwe kuwo.
Akadunyiswe uJesu!
Akadunyisw’ uJesu!

das natürlich nicht ganz möglich war, nämlich indem

Wobei …

… handelt es sich um ein Blasinstrument?

a) Balalaika

b) Gambe

c) Schalmei

(Lösung: Die Schalmei ist ein Holzblasinstrument.)

Die goldene Himbeere …

… ist ein Filmpreis, auf den niemand scharf ist. Er wird nämlich seit 1980 für die schlechtesten Leistungen im Filmgeschäft vergeben. Hier die „Gewinner" 2006:

Schlechtester Film	Dirty Love
Schlechtester Schauspieler	Rob Schneider
Schlechteste Schauspielerin	Jenny McCarthy
Schlechtestes Leinwandpaar	Will Ferrell und Nicole Kidman
Schlechtester Nebendarsteller	Hayden Christensen
Schlechteste Nebendarstellerin	Paris Hilton
Schlechteste Fortsetzung	Die Maske 2
Schlechtester Regisseur	John Asher
Schlechtestes Drehbuch	Dirty Love

Der Komponist …

… erzählt einem Reporter: „An dem Wiegenlied habe ich drei Jahre gearbeitet."

„Warum so lange?"

„Ich bin beim Komponieren immer eingeschlafen."

sie vor der Ausführung einen versiegelten Brief an

Laut einer Schätzung …

… wurden 2005 allein in Deutschland 365 Millionen Euro für Handy-Klingeltöne ausgegeben. Mit diesem Geld könnte jedem Kind von 6 bis 15 Jahren ein Zusatztaschengeld von rund 4 Euro pro Monat bezahlt werden.

Michel aus Lönneberga …

… die bekannte Kinder-Figur von Astrid Lindgren, heißt im schwedischen Original Emil. Der Name wurde im Deutschen geändert, damit es keine Verwechslung mit dem von Erich Kästner erdachten Emil Tischbein gibt.

Ein Mann …

… an der Kinokasse: „Zwei Karten bitte."
„Für Dick und Doof?"
„Nein, für meine Frau und mich."

Ein gutes Geschäft

Segensreich für einen Zivildienstleistenden aus Olpe war Folgendes: Er kaufte einen VW Golf, der zuvor Josef Kardinal Ratzinger gehört hatte. Als dieser 2005 zum Papst gewählt wurde, versteigerte der Zivi den Gebrauchtwagen bei eBay – und erzielte einen Preis von 188.938,88 Euro!

die besagte Schwester übergaben, den diese aber

Pausen in der Musik

Ganze Pause

Achtel Pause

Halbe Pause

Sechzehntel Pause

Viertel Pause

Zweiunddreißigstel Pause

Comics und Zeichentrick

Das offizielle Geburtsjahr ...

... der Disney-Figur Dagobert Duck ist 1867. Geburtsort: Glasgow in Schottland. Als Comic-Figur tauchte er allerdings erstmals 1947 in der Geschichte „Die Mutprobe“ auf.

Die Mainzelmännchen ...

... heißen: Det, Anton, Fritzchen, Edi, Berti und Conni. Es gibt inzwischen über 40 000 Mainzelmännchen-Folgen, die im ZDF seit 1963 die Werbesendungen auflockern sollen.

Der Sänger Troubadix ...

... aus dem Asterix-Comic heißt im französischen Original Assurancetourix. Der Name steht steht für „assurance tous risques“ – Vollkaskoversicherung.

nur öffnen durfte, wenn die zwei Freunde sich nicht

Natur und Tiere

Welche Schlange kann eine Geschwindigkeit von 20 Kilometer pro Stunde erreichen?

E) Schwarze Mamba
H) Königskobra
W) Anakonda

Interessantes über Käfer

Der Bombardierkäfer …

… besitzt einen richtigen Explosionsapparat im Hinterleib. Wird er angegriffen, bläst er dem Feind – verbunden mit einem Knall – stinkende Gase ins Gesicht.

Pillendreher …

… formen nach der Paarung eine Kugel aus Kot und vergraben diese in der Erde. In die Kugel legt das Weibchen dann seine Eier – der Kot dient als Nahrung für den Nachwuchs.

Größter Käfer der Welt …

… ist der Herkuleskäfer, den man in den Regenwäldern Südamerikas findet. Er wird bis zu 17 Zentimeter lang. Seine Larven sind mit 20 Zentimetern sogar noch etwas länger und sollen geröstet recht gut schmecken.

zum verabredeten Zeitpunkt bei ihr meldeten, und

20 Wörter der Jägersprache

Äsung	Nahrung des Wildes
Bache	Weibliches Wildschwein
Balg	Tierhaut, Fell, Pelz
Balz	Paarungsspiel von Vögeln
Blume	Schwanz eines Hasen
Fähe	Weiblicher Fuchs
Geschmeiß	Kot von Raubvögeln
Horrido	Jagdruf
Kobel	Nest eines Eichhörnchens
Löffel	Ohren eines Hasen
Luder	Köder zum Anlocken von Tieren
Muffel	Lippen von Huftieren
Ricke	Weibliches Reh
Schweinesonne	Mond
Schweiß	Blut verletzter Tiere
Seher	Augen eines Hasen
Standarte	Schwanz von Fuchs und Eichhörnchen
Weidmannsheil	Jägergruß
Winden	Schnuppern
Windfang	Nase

Welcher Käfer ...

... wurde nach einem Monat benannt?

(Lösung: Der Maikäfer)

nachdem sie ihn gelesen hatte, sofort die Polizei

Wer hält den längsten Winterschlaf?

Einige Tiere schalten im Winter auf „Stand-by-Betrieb“, um ihre Kräfte zu schonen. Den längsten Winterschlaf halten die Siebenschläfer: bis zu sieben Monate lang! Die Fledermaus und Schlafmaus folgen mit jeweils sechs Monaten. Das Murmeltier hält fünf Monate und der Igel vier Monate Winterschlaf.

Apropos Schlaf: Wusstest du, dass Giraffen nur etwa zwei Stunden am Tag schlafen, Fruchtfliegen dagegen zehn Stunden?

Herzschläge pro Minute

Teichmuschel	5	Giraffe	66
Wal	15	Mensch	80
Hirschkäfer	16	Fuchs	100
Elefant	25	Kreuzspinne	130
Weinbergschnecke	40	Kapuzineraffe	160
Hummer	50	Krähe	380
Libelle	60	Fledermaus	660
Blindschleiche	64	Spitzmaus	bis zu 1300

Die Wahrscheinlichkeit ...

... von einer Biene gestochen zu werden, ist an windigen Tagen am größten.

alarmieren sollte, die Schwester noch beiläufig über

Der Nacktmull

Einige Insekten wie Ameisen, Bienen oder Wespen bilden Staaten – mit Königinnen, Arbeiterinnen und Männchen. Aber auch der Nacktmull, ein Nagetier, das in Ostafrika vorkommt, lebt in einem Staat.

Ein Nacktmull-Staat besteht aus bis zu 300 Tieren. Er wird geführt von der Nacktmull-Königin, die als Einzige für die Fortpflanzung zuständig ist. Da Nacktmulle in engen unterirdischen Gängen wohnen, wächst die Königin bei einer Schwangerschaft in die Länge statt in die Breite.

Jeder Nacktmull erfüllt eine Aufgabe im Staat: Junge Tiere kümmern sich um den Nachwuchs, ältere Tiere betätigen sich als Ganggräber, große und starke Tiere bewachen die Eingänge des Nacktmull-Baus.

Ein Eichhörnchen ...

... spielt im Park Schach mit einem älteren Mann. „Das ist aber ein intelligentes Tier", meint ein Passant. Darauf der Mann: „Geht so, die letzten drei Spiele hat es verloren."

In der Disney-Serie „Kim Possible" kommt ein sprechender Nacktmull namens Rufus vor.

den Exfreund ausfragten, sie wollten wissen, wie

So bekämpfst du …

… Stubenfliegen: Fülle kleine Schalen mit abgestandenem Bier und stelle sie in deinem Zimmer auf.

… Stechmücken: Falls noch Schalen übrig sind – fülle diese mit Essig. Den Geruch können die lästigen Blutsauger nicht ausstehen.

… Kleidermotten: Fülle einen Beutel mit getrocknetem Lavendel und lege ihn in deinen Kleiderschrank.

Mein Hund …

… ist echt prima! Jeden Morgen bringt er mir die Zeitung – und dabei habe ich gar keine abonniert.

Aus Elfenbein …

… bestehen nicht nur die Stoßzähne von Elefanten, sondern z. B. auch die von Walrössern, Wildschweinen und anderen Tieren. Das wertvollste Elfenbein ist das des Narwals. Es wurde früher mit Gold aufgewogen.

Der längste Stoßzahn eines Afrikanischen Elefanten war über drei Meter lang und wog knapp 103 Kilo.

Das Wort Elfenbein kommt vom altdeutschen „helfantbein“, was so viel bedeutet wie „Elefantenknochen“.

Der Handel mit Elfenbein ist seit 1989 verboten.

er hieß und wo er wohnte, um sich dann auf die

Wer …

… von einem Tiger angegriffen wird, sollte nicht ins Wasser flüchten. Im Gegensatz zu anderen Katzen lieben Tiger das Wasser. Sie sind gute Schwimmer.

Und wer sich vor einem Bär retten möchte, sollte Bäume meiden: Bären sind ausgezeichnete Kletterer. Auch wegrennen ist keine gute Idee, denn Bären sind schnell. Am besten bleibt man ruhig stehen oder rollt sich zusammen.

Eine Uhr für den Garten

Im Sommer blüht und sprießt es in der Natur. Blüten öffnen und schließen sich zu unterschiedlichen Zeiten.

6 Uhr	die Blüten der Taglilie öffnen sich
7 Uhr	die Blüten der Seerose öffnen sich
8 Uhr	die Blüten des Habichtskrauts öffnen sich
9 Uhr	die Blüten der Pfingstnelke öffnen sich
10 Uhr	die Blüten der Malve öffnen sich
11 Uhr	die Blüten der Tigerblume öffnen sich
12 Uhr	die Blüten der Wegwarte öffnen sich
13 Uhr	die Blüten der Pfingstnelke schließen sich
14 Uhr	die Blüten der Ringelblume schließen sich
15 Uhr	die Blüten des Wurmlattichs schließen sich
16 Uhr	die Blüten der Wunderblume schließen sich
17 Uhr	die Blüten der Seerose schließen sich
18 Uhr	die Blüten der Nachtkerze schließen sich

Socken zu machen, ihren Plan umzusetzen, dem

Natur macht erfinderisch

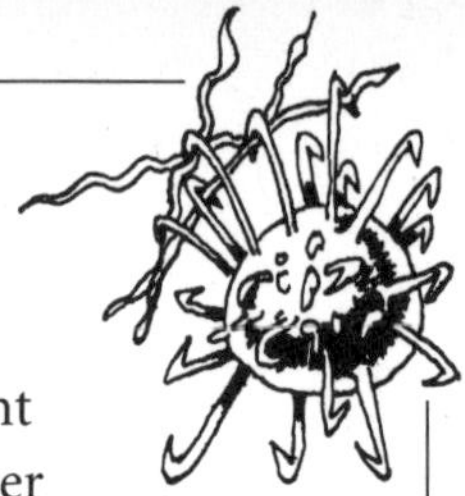

In der Bionik – das Wort setzt sich aus „Biologie“ und „Technik“ zusammen – geht es darum, wie Erfindungen der Natur in der Technik verwendet werden können.

Der Klettverschluss wurde vom Schweizer George de Mestral erfunden. Als er mit seinen Hunden spazieren ging, merkte er, dass häufig kleine Früchte der Klettpflanze im Fell hängen blieben. Diese untersuchte er unter einem Mikroskop und stellte dabei fest, dass sie mit kleinen Häkchen versehen waren, mit denen sie sich festklammerten.

Auch die Lotuspflanze war das Vorbild für eine Erfindung: den Lotuseffekt. Die weißen Blüten der Lotuspflanze sind im Gegensatz zu anderen Pflanzen immer sauber. Auf den Blättern befinden sich winzigkleine Erhebungen. Dort lagert sich der Schmutz ab. Wenn es regnet, wird der Schmutz einfach weggespült. Der Lotuseffekt findet z. B. bei Autolacken, Dachziegeln, in Wandfarbe oder in Keramikbecken Anwendung.

Es gibt noch viele weitere Beispiele dafür: Die Libelle war das Vorbild für den Hubschrauber, die Frucht des Wiesen-Bocksbartes für den Fallschirm – fallen dir weitere Beispiele ein?

Ganoven als Erstes einen Zettel unter der Tür

Eierproduktion (pro Gelege)

Pinguin	1 Ei
Kohlmeise	10 Eier
Ringelnatter	30 Eier
Krokodil	50 Eier
Teichmolch	300 Eier
Forelle	3 000 Eier
Lachs	40 000 Eier
Karpfen	1,5 Millionen Eier
Kabeljau	6 Millionen Eier
Steinbutt	10 Millionen Eier

15 fleischfressende Pflanzen

Venusfliegenfalle, Wasserfalle, Sonnentau, Reusenfalle, Schlauchpflanze, Regenbogenpflanze, Sumpfkrug, Fettkraut, Wasserschlauch, Kannenpflanze, Hakenblatt, Kobralilie, Wanzenpflanze, Zwergkrug, Taublatt

Was ist das?

Es macht 999 mal „tick" und einmal „tack"?

(Lösung: Ein Tausendfüßer mit Holzbein)

durchschoben, auf dem stand: „Wir wissen, dass du

Was Hundefreunde wissen sollten

Dein Hund versteht nicht, was du ihm sagst, aber wie du es ihm sagst. Lege eine Liste aller Kommandos an, die dein Hund lernen soll. Achte darauf, dass sie nicht zu ähnlich sind. Ganz wichtig: Belohne deinen Hund und lobe ihn, wenn er deine Befehle richtig ausführt.

Junge Hunde sind neugierig und spielen gern. Besorge deinem Hund Spielzeug, damit eure Möbel verschont bleiben. Spielzeug aller Art findest du im Fachhandel.

Dein Hund mag es, gestreichelt und gekrault zu werden. Wenn er aber müde ist, braucht er auch mal seine Ruhe. Deshalb sollte der Hund einen festen und eigenen Schlafplatz haben, auf den er sich zurückziehen kann.

Lass deinen Hund beim Spazierengehen ruhig schnuppern und schnüffeln. Für ihn sind die vielen Gerüche so interessant wie für dich eine Fernsehsendung oder ein spannendes Buch. Damit er aber nicht überall stehen bleibt oder dich mit sich zieht, musst du mit ihm das ruhige Gehen an der Leine üben.

Rettet ...

... die Hunde – kauft keine Pudelmützen!

es warst", sofort verschwanden und sich dann auf

Was Katzenfreunde wissen sollten

Junge Katzen beobachten gern die Bewegungen auf dem Bildschirm des Fernsehers. Wenn zum Beispiel ein Ball verschwunden ist, „suchen“ sie ihn hinter dem Fernseher … bis sie irgendwann merken, dass da kein Ball zu finden ist.

Wenn deine Katze ihren Schwanz bewegt, bedeutet das nicht, dass sie sich freut. Sie kann sauer sein oder gleich mit der Tatze ausholen, um dich zu kratzen.

Hast du schon mal mit deiner Katze Papier-Fußball gespielt? Du wirst sehen, dass deine Katze ein echter Dribbling-Spezialist ist. Weißt du übrigens, ob sie Rechts- oder Linksfüßer ist? Teste es.

Wenn du deine kleine Katze suchst, schau doch mal zwischen deinen Stofftieren nach. Junge Katzen lieben es kuschlig warm.

Es klapperten …

… die Klapperschlangen –
bis ihre Klappern schlapper klangen.

Am meisten Halswirbel …

… unter den Säugetieren haben nicht die Giraffen (die Giraffe hat wie der Mensch sieben Halswirbel), sondern die Nebengelenktiere. Dazu gehören Faultiere, Gürteltiere und Ameisenbären.

ihren Beobachtungsposten begaben, der aus einer

Das Hühnerei

Ein Huhn kann maximal ein Ei pro Tag legen. Im Durchschnitt legt es rund 260 Eier in einem Jahr. Sein erstes Ei legt ein Huhn im Alter von etwa fünf Monaten.

Ob ein Huhn weiße oder braune Eier legt, hängt meistens mit der Ohrläppchen- bzw. Ohrscheiben-Farbe des Tiers zusammen: Hühner mit weißen Ohrläppchen legen Eier mit weißer Schale, Hühner mit roten Ohrläppchen braune Eier. Eine Ausnahme sind die Araucana-Hühner aus Chile: sie haben Ohrläppchen in verschiedenen Farben, legen aber stets Eier mit grüner Schale.

Eier, die du im Supermarkt kaufst, haben einen Stempel (z.B. 1-DE-0913887). Die erste Ziffer dieses Stempels sagt dir, ob das Ei aus biologischer Freilandhaltung (Ziffer 0), normaler Freilandhaltung (Ziffer 1), Bodenhaltung (Ziffer 2) oder Käfighaltung (Ziffer 3) stammt. Für das Huhn ein großer Unterschied: bei Freilandhaltung stehen ihm mindestens 10 Quadratmeter zur Verfügung, bei Boden- oder Käfighaltung hingegen nur eine winzige Fläche.

Wie kommt eigentlich …

… ein Schild, auf dem steht „Rasen betreten verboten“, mitten auf den Rasen?

gemütlichen Eisdiele gegenüber bestand, wo der

10 Marienkäfer-Unterarten

Ameisen-Siebenpunkt-Marienkäfer, Fichten-Kugelmarienkäfer, Glänzender Schlankmarienkäfer, Kugeliger Marienkäfer, Nierenfleckiger Kugelmarienkäfer, Strichfleckiger Marienkäfer, Trockenrasen-Marienkäfer, Variabler Flach-Marienkäfer, Vierzehntropfiger Marienkäfer, Zaunrüben-Marienkäfer

Ha, ha!

„He", ruft ein Riese beim Radfahren seinem Freund zu. „Halt mal an, mir ist eine Krähe ins Auge geflogen."

Tierische Rekorde

Das langsamste Säugetier der Welt ist das Dreifingerfaultier. Es bewegt sich mit der Geschwindigkeit von 100 m/h fort.

Das schwerste Gehirn hat der Pottwal. Es wiegt etwa 8 kg.

Der Polarfuchs kommt als einziges Säugetier mit arktischer Kälte zurecht. Er übersteht locker –70 °C.

Die größten Sprünge mit 13 Meter Länge macht das australische Riesenkänguru.

Junge seinen Freund anstieß, als der Einbrecher

Mensch und Körper

Wie viel Speichel produziert ein Mensch pro Tag?

T) 20 Milliliter

N) 1 bis 1,5 Liter

E) 15 Liter

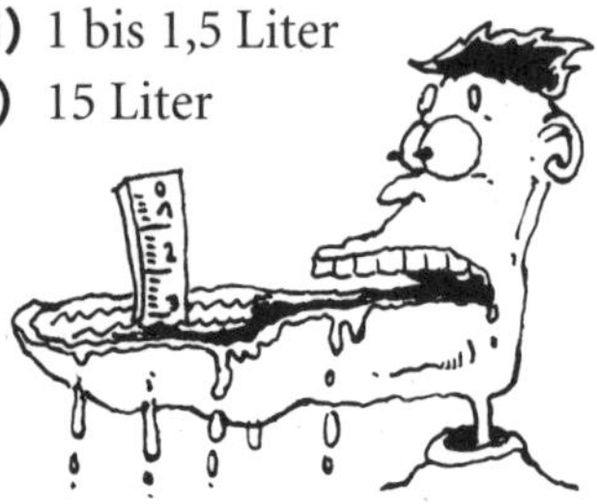

Besser …

… sich vorher ein Herz fassen, als sich hinterher einen Kopf machen.

Die 13 lebenswichtigen Vitamine

Name des Vitamins	Chemischer Name	Z. B. enthalten in
Vitamin A	Retinol	Karotten, Leber
Vitamin B1	Thiamin	Haferflocken, Erbsen
Vitamin B2	Riboflavin	Vollkornbrot, Schweinefleisch
Vitamin B3	Niacin	Fisch, Hefe
Vitamin B5	Pantothensäure	Gemüse, Leber
Vitamin B6	Pyridoxin	Kartoffeln, Kiwis
Vitamin B7	Biotin	Blumenkohl, Leber
Vitamin B9	Folsäure	Kürbis, Leber
Vitamin B12	Cobalamin	Milch, Fisch
Vitamin C	Ascorbinsäure	Paprika, Zitronen
Vitamin D	Calciferol	Milch, Eigelb
Vitamin E	Tocopherol	Vollkornbrot, Spinat
Vitamin K	Phyllochinon	Eier, Leber

sichtlich nervös die Wohnung verließ und in südlicher

10 fiese Krankheiten

Akne
Analfistel
Beulenpest
Haarzunge
Hämorrhoiden
Herpes
Krätze
Nekrotisierende Fasziitis
Rhinitis (auch als Schnupfen bekannt)
Schleimbeutelentzündung

Wichtig für
Wachstum, Sehkraft, Haut, Zahnfleisch, Haare
Kohlenhydratstoffwechsel, Wachstum, Muskeln
Stoffwechsel, Haut, Augen
Auf- und Abbau von Eiweißen und Fetten
Kohlenhydrat-, Fett- und Aminosäurestoffwechsel
Aminosäurestoffwechsel, Muskeln, Haut, Wachstum
Kohlenhydrat-, Fett- und Eiweißstoffwechsel
Zellaufbau
Bildung und Abbau von Aminosäuren
Abwehrkräfte, Knochen, Bindegewebe
Knochen, Zähne
Muskelbildung, Zellfunktion
Blutgerinnung, Knochen, Eiweißherstellung

Richtung ging, die beiden ihr Eis schnell zahlten und

Schluckauf

Bei einem Schluckauf verkrampft sich das Zwerchfell, das Brust- und Bauchhöhle voneinander trennt. Bei der Verkrampfung wird Luft in die Lunge eingesogen, während sich gleichzeitig die sogenannte Glottis im Kehlkopf verschließt. Dadurch kommt das „Hick"-Geräusch zustande.

Meistens geht ein Schluckauf schnell wieder vorbei. Beim Amerikaner Charles Osborne dauerte er allerdings von 1922 bis 1990. Er „hickste" fast sein ganzes Leben lang etwa 20-mal pro Minute!

Fünf bewährte Mittel gegen Schluckauf sind: mit Wasser gurgeln, lachen, den Atem anhalten, Salz auf die Zunge streuen, auf einem Bein stehen.

Im Lauf eines Lebens ...

... atmet der Mensch 1 Billion Mal.
... schlägt das Herz etwa 3 Billionen Mal.
... pumpt das Herz rund 400 Millionen Liter Blut durch den Körper.
... produzierst du so viel Spucke, dass man zwei Swimmingpools damit füllen könnte.

sich aufmachten, den Ganoven zu verfolgen, Mühe

So groß wirst du mal

Aus deiner jetzigen Körpergröße kannst du ungefähr herleiten, wie groß du als Erwachsener sein wirst. Normales Wachstum ist allerdings Voraussetzung! Gehe wie folgt vor:

1. Messe als Erstes deine jetzige Körpergröße. Dazu genügt ein einfacher Meterstab.
2. Lese in der Tabelle nach, welche Zahl zu deinem Alter und Geschlecht gehört, also z. B. 75,2.
3. Teile mit einem Taschenrechner deine jetzige Körpergröße durch diese Zahl, also z. B. 130 geteilt durch 75,2. Das Ergebnis – in diesem Beispiel 1,73 m – ist deine spätere Körpergröße.

Alter	Junge	Mädchen
7	69,5	75,7
8	72,3	79,0
9	75,2	82,7
10	78,4	86,2
11	80,4	90,6
12	83,4	92,2
13	87,6	95,8
14	92,7	98,0
15	96,8	99,0
16	98,2	99,6

hatten, Schritt zu halten, aber schnell merkten, dass

Körpersprache und was sie bedeutet

Rot werden	Nervös sein
Die Arme überkreuzen	Auf Abwehr gehen, abwarten
Sich die Nase reiben	Überlegen oder lügen
Die Hände hinter dem Kopf verschränken	Offen und interessiert sein
Hände in die Hüften stemmen	Energisch oder aggressiv sein
Mit den Fingern trommeln	Ungeduldig sein
In die Haare fassen	Unsicher sein
Die Handfläche zeigen	Offenheit, Vertrauen

Blutgruppen

Es gibt vier Blutgruppen: 0, A, B und AB. Bei Blutübertragungen muss man darauf achten, dass es sich um die gleiche Blutgruppe handelt. AB kann alle Blutgruppen erhalten, A kann A und 0 erhalten, B kann B und 0 erhalten. 0 kann nur 0 erhalten.

Bei Hunden gibt es wie beim Menschen vier Blutgruppen, bei Katzen dagegen 11 und bei Kühen sogar 800 verschiedene Blutgruppen.

Wusstest du schon, dass …

… 88 Prozent der Menschen Rechtshänder sind?

er auf eine Telefonzelle in der Nähe des Postamts

Ein Mensch, der …

… 70 Kilo wiegt, hat etwa 30 Kilo Muskeln und 8,5 Kilo Knochen. Die Leber wiegt rund 1,7 Kilo, ein Herz dagegen nur 300 Gramm. Besonders leicht ist die Schilddrüse: Sie bringt nur 20 Gramm auf die Waage.

Während die Finger …

… alle Namen haben (Daumen, Zeigefinger, Mittelfinger, Ringfinger und kleiner Finger), fehlt eine Bezeichnung für die drei Zehen zwischen großem und kleinem Zeh.

Zehennägel wachsen monatlich etwa 1 Millimeter, Fingernägel dagegen durchschnittlich 3 Millimeter im Monat. Am schnellsten wächst übrigens der Nagel des Mittelfingers, am langsamsten der Daumennagel.

Warum …

… sind Fische stumm?

(Lösung: Na, du würdest doch auch nicht reden, wenn du den Kopf ins Wasser tauchst.)

zuging, es schafften, heimlich das Gespräch zu

Zwillinge

Im Durchschnitt kommen bei jeder 85. Geburt Zwillinge zur Welt. Beim afrikanischen Volk der Yoruba soll dies sogar bei jeder sechsten Geburt der Fall sein.

Nur etwa ein Drittel der Zwillinge sind eineiig – sie gleichen sich häufig wie ein Ei dem anderen.

Die Wahrscheinlichkeit, dass Drillinge zur Welt kommen, ist 1 zu 85 mal 85, bei Vierlingen 1 zu 85 mal 85 mal 85 usw. Für Fünflinge beträgt die Wahrscheinlichkeit nur rund 1 zu 52 Millionen.

Äußerst selten gibt es sogenannte siamesische Zwillinge, die miteinander verwachsen sind, und zwar in etwa zwei Drittel aller Fälle im Brustbereich.

So viele Kalorien verbrauchst du bei einer Stunde …

… Schlafen: 60 (= 11 Gramm Schokolade)
… Fernsehen: 80 (= 14 Gramm Schokolade)
… Hausaufgaben machen: 100 (= 18 Gramm Schokolade)
… Schlagzeug spielen: 300 (= 54 Gramm Schokolade)
… Spazieren gehen: 400 (= 71 Gramm Schokolade)
… Tanzen: 500 (= 89 Gramm Schokolade)
… Radfahren: 700 (= 125 Gramm Schokolade)

belauschen, das er in der Telefonzelle durchführte,

Ein Mensch …

… nimmt im Lauf seines Lebens rund 79 000 Mahlzeiten zu sich. Etwa 105 000 sind es, wenn man Kaffee und Kuchen dazurechnet.

Ganz schön haarig

- Auf deinem Kopf wachsen rund 100 000 Haare. Rothaarige Menschen haben die wenigsten Haare auf dem Kopf, blonde Menschen die meisten.
- Ein Mensch produziert jeden Tag rund 30 Meter Haar.
- Keine Haare wachsen an den Fußsohlen und in den Handinnenflächen.
- Du verlierst bis zu 100 Haare pro Tag.
- Kopfhaare wachsen täglich etwa 0,33 mm.
- An ein Haar kannst du ein Gewicht von 200 Gramm hängen, ohne dass es ausreißt.

Was ist weiß …

… und springt von Ast zu Ast?

(Lösung: Ein ostfriesischer Arzt bei der Zeckenimpfung)

mit einem Hehler, der das Diebesgut kaufen sollte,

In eine Kugel …

… von der Größe eines Stecknadelkopfes passen fast so viele Bakterien wie es Menschen auf der Erde gibt.

Eine Pyramide zum Essen

In Deutschland und in der Schweiz wird weltweit die meiste Schokolade gegessen. Sie enthält viele gesunde Inhaltsstoffe: Magnesium, Kalium, Vitamin E und Ballaststoffe. Schokolade enthält Fett und Zucker und liefert deshalb viel Energie. Zu viele Süßigkeiten können aber zu Übergewicht führen. Die Nahrungspyramide zeigt von unten nach oben an, wie viel man von welchen Lebensmitteln essen sollte: viele Vollkornprodukte wie Brot und Nudeln (ganz unten) und wenig Süßigkeiten (ganz oben).

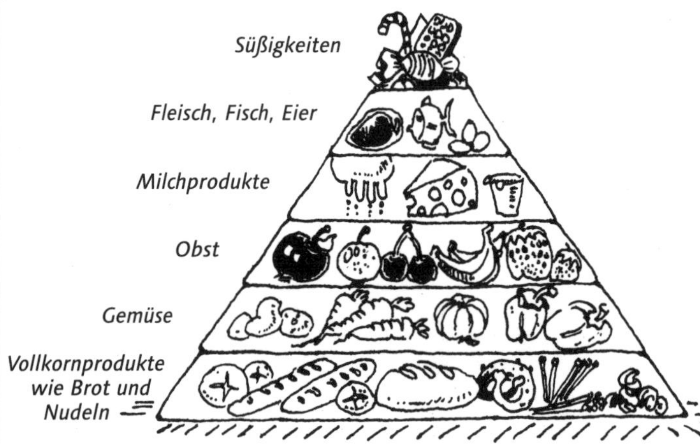

weil der Einbrecher noch gar nicht daran dachte, die

Warum …

… muss man beim Weinen die Nase schnäuzen? Ganz einfach: Die in der Tränendrüse produzierte Flüssigkeit läuft auch in die Nase.

Tränen dienen vor allem dazu, das Auge feucht zu halten und zu reinigen.
Warum Menschen auch bei Trauer, Schmerz oder großer Freude weinen, ist nicht bekannt.

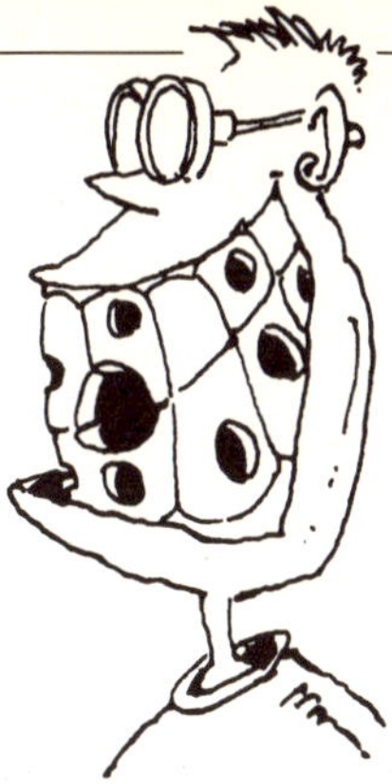

Fritzchen …

… erklärt dem Zahnarzt: „Sie brauchen nicht zu bohren. Ich habe schon Löcher in den Zähnen."

Der Weltrekord …

… im Rülpsen liegt bei 118,1 Dezibel Lautstärke und wurde vom Briten Paul Hunn aufgestellt. Zum Vergleich: ein Presslufthammer bringt es nur auf 100 Dezibel. Die Grenze für Gehörschäden liegt bereits bei 85 Dezibel.

An jedem Fuß …

… hast du etwa 250 000 Schweißdrüsen. An jedem Tag produzierst du ein Schnapsglas voll Fußschweiß.
Na dann Prost!

gestohlenen Dinge zurückzugeben, sondern sie

Der Mensch …

… produziert pro Tag etwa zwei Liter Magensäure.
… gleicht, was das Erbgut betrifft, zu 98,7 Prozent einem Schimpansen.
… besitzt 150-mal weniger Riechzellen als ein Hund.
… hat im Mund wesentlich mehr Bakterien als im Po.

Warum …

… heißen Teigwaren Teigwaren?

(Lösung: Weil sie vorher Teig waren.)

Ohrenschmalz

Es gibt zwei Arten von Ohrenschmalz: graues, trockenes und feuchtes in gelb-bräunlicher Färbung. Das trockene Ohrenschmalz ist vor allem in Japan, China und bei den Indianern in Nordamerika verbreitet. In Afrika und bei uns in Europa gibt es dagegen fast ausschließlich das feuchte Ohrenschmalz. Welche Sorte Ohrenschmalz du produzierst, wird durch das Gen ABCC11 gesteuert.

Ohrenschmalz ist übrigens sehr wichtig! Es reinigt deinen Gehörgang und schützt das Ohr vor Eindringlingen. Der wissenschaftliche Name für das Ohrenschmalz ist Cerumen.

schnellstmöglich zu Geld machen und dann abhauen

Vermischtes zum Körper

Würdest du ...

... alle Blutadern in deinem Körper aneinanderlegen, könntest du damit zweimal die Erde umwickeln.

Der menschliche Darm ...

... ist 7 bis 8 Meter lang!

Die Lungen ...

... liefern bis zu 20 000 Liter Frischluft am Tag. Sie lassen sich etwa 100-mal leichter aufblasen als ein Luftballon.

Die Nieren ...

... waschen jeden Tag etwa 2000 Liter Flüssigkeit.

Die Haut ...

... ist ebenfalls ein Organ – sogar das größte und schwerste.

Dein Gehirn ...

... besteht aus 100 Milliarden Nervenzellen. Mit den Informationen, die du in deinem Gehirn abspeichern kannst, ließen sich 20 Millionen Bücher füllen.

„Ich glaube ...

... mein Sohn ist wirklich krank."
„Warum denn?"
„Er klagt über Bauchschmerzen, obwohl schulfrei ist."

wollte, die beiden Detektive sich daraufhin leicht

Rund um die Sprache

Wie viele verschiedene Sprachen werden auf der ganzen Welt gesprochen?

U) 31

E) 6500

V) 4,3 Millionen

Das längste Wort …

… in der deutschen Sprache – ohne, dass sich ein Buchstabe wiederholt – ist „Heizölrückstoßabdämpfung".

Wer sich ängstigt …

… der hat Bammel, Fracksausen, Gänsehaut, Gummibeine, die Hosen voll, Muffensausen, Schiss.

… dem geht der Hintern auf Grundeis, läuft es eiskalt den Rücken runter, rutscht das Herz in die Hose, schlottern die Knie, stehen die Haare zu Berge.

zunickten, in Deckung gingen, als der Ganove die

So lesen Blinde

Vielleicht hast du dich schon mal gefragt: Wie lesen eigentlich Menschen, die nicht sehen können? Ganz einfach: Sie verwenden die Hände statt der Augen! Dazu hat der Franzose Louis Braille in den 1820er-Jahren eine Blindenschrift entwickelt. Die „Buchstaben“ werden fest ins Papier gepresst, sodass ein Blinder sie ertasten kann. Louis Braille, der von 1809 bis 1852 lebte, war selbst blind. Bereits als Kind begann er, seine Blindenschrift zu entwickeln. Als Zwanzigjähriger hatte er sie fertiggestellt. Hier die Buchstaben der Brailleschrift:

Telefonzelle verließ und zur Wohnung zurückging,

Was steht …

… mitten im Feuer, ohne zu brennen?

(Lösung: Das „u“)

5 mal 5 Spitznamen …

… für Körperteile

Stelzen (Beine), Zinken (Nase), Flossen (Hände), Griffel (Finger), Lauscher (Ohren)

… für Gegenstände

Ratzefummel (Radiergummi), Fichtenmoped (Kettensäge), Miefquirl (Ventilator), Heia (Bett), Affenschaukel (Kleinwagen)

… für Deutsche im Ausland

Piefke (in Österreich), Fritz (in Polen), Preis (in Luxemburg), Kraut (in den USA), Boche (in Frankreich)

… für Berufe

Mehlwurm (Bäcker), Bulle (Polizist), Pauker (Lehrer), Hupfdohle (Tänzerin), Frikadellenschmied (Koch)

… für Gebäude

Steffl (Stephansdom in Wien),
Telespargel (Fernsehturm in Berlin),
Schildkröte (Planetarium in Bochum),
Santa Fu (Gefängnis in Hamburg),
Vierzylinder (BMW-Hochhaus in München)

sich flink hinter einen Baumstamm kauerten, weil

Dialekt-Zungenbrecher

D'r Schorsch hot 's Schbeckschbätzlebschdeck z' schbäd bschdelld. (Schwäbisch: „Der Georg hat das Speckspätzlebesteck zu spät bestellt.")

A Mamalaadaamala hamma dahaam aa. (Fränkisch: „Ein Marmeladeneimerchen haben wir daheim auch.")

Gaisers Garle gonnte geene Gimmelgerner gaun. (Sächsisch: „Kaisers Karl konnte keine Kümmelkörner kauen.")

Wonn i kemma ko, kimm i, i wia owa koam kemma kinna. (Österreichisch: „Wenn ich kommen kann, komme ich, ich werde aber kaum kommen können.")

Chäschueche im Chuchichaschte (Schweizerdeutsch: „Käsekuchen im Küchenkasten.")

I ho eh oe joa a oa oi. (Bayerisch: „Ich habe sowieso jedes Jahr ein Ei heruntergelegt.")

Nenne …

… fünf Tage der Woche in denen kein „a" vorkommt.

(Lösung: Ganz einfach – vorgestern, gestern, heute, morgen, übermorgen)

der Verfolgte sich verstohlen umsah, bevor er den

Redensarten und was sie bedeuten

„Die Gegend abklappern“ bedeutet, dass man auf der Suche nach etwas überall herumfährt oder hingeht, um das Gesuchte zu finden. Früher trugen Hausierer und Handwerksburschen klappernde Holzschuhe und waren dadurch überall zu hören.

„Lorbeer ernten“: für eine Leistung großes Lob erhalten. Die Griechen und Römern krönten herausragende Dichter und Denker mit einem Lorbeerkranz. „Vorschusslorbeeren“ erhält, wer gelobt wird, bevor er sein Können beweisen muss.

Wer „aufgeblasen“ ist, benimmt sich eingebildet und hochmütig. Eine lateinische Fabel erzählt von einem Frosch, der neidisch auf die Größe der Ochsen ist. Er bläst sich deshalb so lange auf, bis er platzt.

„Aus der Bahn geworfen werden“: Diese Redensart stammt aus dem Mittelalter. Wer bei einem Ritterturnier aus der Bahn geworfen wurde, hatte den Kampf verloren.

„Schmiere stehen“ kommt vom hebräischen Wort „schemirah“, das „Bewachung“ bedeutet.

Hauseingang betrat, einen weiteren Zettel schrieben

Zitate über Kinder

„Der Mensch schuldet dem Kind das Beste, was er zu geben hat.“ (UNO)

„Es gibt kein problematisches Kind, es gibt nur problematische Eltern.“ (Alexander S. Neill)

„Kinder sind dazu da, um Lärm zu machen.“ (Helene Lange)

„Erst wenn man selbst Kinder hat, erkennt man der eigenen Eltern Güte.“ (Japanisches Sprichwort)

„Wo Kinder sind, da ist ein goldnes Zeitalter.“ (Novalis)

Die 12 Monate auf Arabisch

Muharrem, Safar, Rebi I, Rebi II, Dschumada I, Dschumada II, Redscheb, Schaban, Ramadan, Schawwal, Dhul-kade, Dhul-hiddsche

Buchstabensalat

RNEPISWACHS

(Lösung: SPARSCHWEIN)

mit den Worten „Wir wissen, dass du abhauen

Fingeralphabet

Allein in Deutschland leben etwa 80 000 Gehörlose. Um sich mit diesen verständigen zu können, verwendest du das Fingeralphabet, bei dem du Buchstaben mithilfe der Hand „sprichst“:

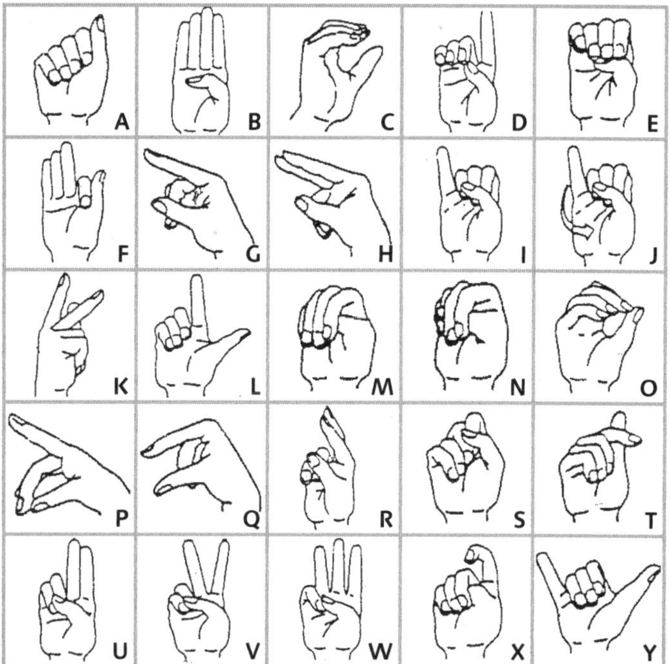

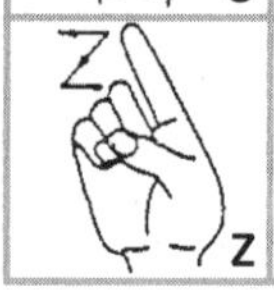

Umlaute:
Wie der entsprechende Buchstabe und einmal auf- und abbewegen

willst", diesen ebenfalls unter der Tür des

Wörter, die auf -nf enden

In der deutschen Sprache gibt es nur fünf Wörter, die auf –nf enden: fünf, Senf, Hanf, Genf und Sernf (Genf ist eine Stadt, Sernf ein Fluss in der Schweiz). Oder kennst du etwa noch weitere Wörter?

Esperanto ...

... ist eine künstliche Sprache, die Ende des 19. Jahrhunderts von Ludwig Zamenhof entworfen wurde. Ziel war es, eine einfach zu lernende Sprache zu schaffen, mit denen Menschen aus unterschiedlichen Ländern sich verständigen können. Hier einige Esperanto-Wörter:

alplando: Einlegsohle
bakpleto: Backblech
ciklamento: Alpenveilchen
domgardisto: Hausmeister
elementa lernejo: Grundschule
farbkrajono: Farbstift
globuso: Globus
hamako: Hängematte
insulo: Insel
juglando: Walnuss
kokido: Küken
leksikono: Lexikon
majskarabo: Maikäfer
nubskrapulo: Hochhaus
okulvitroj: Brille
pantalono: Hose
retpilko: Volleyball
sledo: Schlitten
trinkpoteto: Trinkbecher
urbestro: Bürgermeister
ventmuelejo: Windmühle
zipo: Reißverschluss

Einbrechers durchschoben, sich erneut ein Eis in der

Eltern …

… sind seltsam: erst bringen sie einem das Sprechen bei, dann soll man ständig den Mund halten.

Bekannt aus der Bibel

Der Begriff „Tohuwabohu“ stammt aus der Schöpfungsgeschichte! Er steht im Hebräischen für „Wüstheit und Leere“ – der Bibel nach der Urzustand der Welt.

„Alt wie Methusalem“: Methusalem ist eine Figur aus dem 1. Buch Mose. Dort wird berichtet, dass er 969 Jahre alt wurde.

„Im Dunkeln tappen“: Diese Redewendung stammt aus dem 5. Buch Mose. Dort steht: „Und du wirst tappen am Mittag, wie ein Blinder tappt im Dunkeln …“

„Hiobsbotschaft“: Hiob ist eine Figur der Bibel, der eine Menge Unglück widerfährt. Deshalb wird das Wort Hiobsbotschaft für schlechte Nachrichten verwendet.

„Der Teufel ist los“: Diese Redewendung stammt wohl aus der Offenbarung des Johannes. Im Kapitel 20 heißt es dort: „Und wenn die tausend Jahre vollendet sind, wird der Satan los werden …“ Satan ist das hebräische Wort für Teufel.

Diele gegenüber genehmigten, obwohl dabei fast

Das hebräische Alphabet

Im hebräischen Alphabet gibt es zwei Besonderheiten. Erstens: Man schreibt und liest die Wörter von rechts nach links, statt wie bei uns von links nach rechts! Außerdem kennt das hebräische Alphabet keine Selbstlaute (a, e, i, o, u) – diese werden nur manchmal durch zusätzliche Lautzeichen angegeben.

Buchstabe	Name	Lautwert
א	Alef	-
ב	Bet	b, w/v
ג	Gimmel	g
ד	Dalet	d
ה	Hé	h
ו	Vav	v, o, u
ז	Zaijn	s, z
ח	Cheth	ch
ט	Teth	t
י	Jod	j, i
כ	Kaf	k, ch
ל	Lamed	l
מ	Mem	m
נ	Nun	n
ס	Samech	ss
ע	Aijn	-
פ	Pé	p, f
צ	Zadi	tz, ts

Buchstabe	Name	Lautwert
ק	Kof	k, q
ר	Résch	r
ש	Sin	ss
ת	Tav	t

Scheinbar anscheinend!

Scheinbar: nur zum Schein, angeblich, nicht in Wirklichkeit
Anscheinend: allem Anschein nach, vermutlich, wahrscheinlich

das ganze Taschengeld draufging, den Hauseingang

5 mal „Gold“

Schwarzes Gold	Erdöl
Weißes Gold	Porzellan, Salz
Nasengold	Nasenpopel
Gold des Meeres	Bernstein
Katzengold	Pyrit

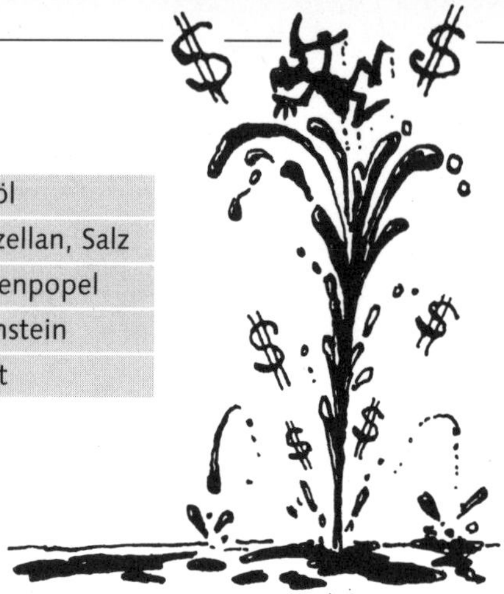

Sprech-Spiele

Schnellsprechen: Innerhalb einer Minute sollen so viele Wörter wie möglich aufgezählt werden. Damit es nicht zu einfach wird, müssen alle Wörter mit dem gleichen Anfangsbuchstaben beginnen. Wer am meisten Wörter schafft, hat gewonnen!

N-L-Tauschen: Alle Mitspieler lesen sich reihum aus einem Buch vor, dabei sollen die Buchstaben „L“ und „N“ ausgetauscht werden; aus „ Linda lachte leise“ wird also z. B. „Nilda nachte neise“. Pro Fehler muss ein Pfand abgegeben werden!

Schreien: Ein Spieler wird aus dem Raum geschickt, die anderen denken sich ein schwieriges Wort aus, z. B. „Stachelbeerkompott“. Nun wird das „Opfer“ hereingerufen, und jeder brüllt das Wort, so laut er kann. Das Opfer muss nun erraten, um welches Wort es sich handelt!

jede Sekunde im Blick behielten, Glück hatten, dass

Denglisch

Im Deutschen gibt es viele Wörter, die aus dem Englischen stammen, z. B. Computer, Scanner oder cool. Viele Wörter, die englisch klingen, sind allerdings deutsche Wortschöpfungen (zumindest, was die Bedeutung betrifft). Man nennt sie deshalb „Denglisch“. Hier einige Wörter und ihre englischen Namensvetter:

Denglisch	Bedeutung im Deutschen	Bedeutung im Englischen	richtiges Englisch
checken	verstehen	überprüfen	to understand
Talkmaster	Moderator	„Gesprächsmeister"	chat-show host
Oldtimer	altes Auto	alter Hase	vintage car
Handy	Mobiltelefon	handlich	mobile phone
Body bag	Rucksack	Leichensack	backpack
Beamer	Videoprojektor	BMW	video projector
Pullunder	ärmelloser Pullover	„Ziehunter"	tank top
Textmarker	Stift zum Markieren	„Textmerker"	highlighter
Shooting Star	Neues Talent	Sternschnuppe	newcomer
Dressman	Männliches Fotomodell	„Kleidermann"	male model

Der englische …

… Austauschschüler: „Ich dachte, ‚prügeln' und ‚schlagen' ist dasselbe."
„Ja, stimmt."
„Und wieso lachen dann alle, wenn ich sage: Es hat 10 geprügelt?"

der Ganove nicht allzu lange auf sich warten ließ,

Weltall und Raumfahrt

Für welches Jahr planen die USA die erste bemannte Landung auf dem Mars?

J) 2010

N) 2030

B) 2050

Bemannte Mondlandungen

Die erste bemannte Mondlandung gelang der amerikanischen Apollo-11-Mission. Am 20. Juli 1969 betrat der Astronaut Neil Armstrong als erster Mensch den Mond. Dabei sagte er: „Dies ist ein kleiner Schritt für einen Menschen, aber ein gewaltiger Sprung für die Menschheit."

Weitere Mondlandungen gelangen mit den Apollo-Missionen 12 (1969), 14 (1971), 15 (1971), 16 (1972) und 17 (1972).

Seit dem 14. Dezember 1972 hat kein Mensch mehr den Mond betreten. Der letzte Astronaut auf dem Mond war Eugene Andrew Cernan.

sondern mit einem großen Rucksack aus dem Haus

Die Erde …

… ist der einzige Planet, der nicht nach einer römischen Gottheit benannt wurde. Das liegt daran, dass man die Erde früher nicht als einen Planeten unter vielen, sondern als Zentrum des Universums betrachtete.

Welcher Planet ist am schnellsten?

Alle Planeten kreisen um die Sonne – aber in unterschiedlichen Geschwindigkeiten. Die folgende Tabelle zeigt, dass die Planeten sich desto schneller fortbewegen, je näher sie der Sonne sind.

Name des Planeten	Kilometer pro Sekunde
Neptun	5,5
Uranus	6,7
Saturn	9,6
Jupiter	13
Mars	24
Erde	29,6
Venus	35
Merkur	47,5

trat, sich damit an die Bushaltestelle um die Ecke

Totale Sonnenfinsternis

Bei einer totalen Sonnenfinsternis verdeckt der Mond für kurze Zeit die Sonne, sodass es auf der Erde stockdunkel wird. Dies konnte man bei uns zuletzt am 11. August 1999 beobachten. Wer diese totale Sonnenfinsternis verpasst hat, muss bis zum 3. September 2081 warten.

In anderen Regionen der Erde gibt es aber bereits vorher totale Sonnenfinsternisse. Hier die nächsten 10 Termine:

1. August 2008, 22. Juli 2009, 11. Juli 2010, 13. November 2012, 20. März 2015, 9. März 2016, 21. August 2017, 2. Juli 2019, 14. Dezember 2020, 10. Juni 2021.

13 Namen von Sternbildern

Pendeluhr, Haar der Berenike, Becher, Chemischer Ofen, Fernrohr, Südliche Krone, Giraffe, Paradiesvogel, Achterdeck des Schiffs, Ochsentreiber, Schlangenträger, Mikroskop, Kleine Wasserschlange

stellte und auf den nächsten Bus wartete, der aber

Welches Jahr …

… dauert nur drei Monate?

(Lösung: Das Frühjahr)

Weltzeit

In Berlin, Wien und Bern ist es 9 Uhr.
Doch wie spät ist es anderswo?

Athen	10 Uhr
Moskau	11 Uhr
Karachi	12 Uhr
Dhaka	13 Uhr
Bangkok	14 Uhr
Manila	15 Uhr
Tokio	16 Uhr
Sydney	17 Uhr
Wladiwostock	18 Uhr
Wellington	19 Uhr
Pago Pago	20 Uhr
Honolulu	21 Uhr
Adak	22 Uhr
Anchorage	23 Uhr
Los Angeles	0 Uhr
Calgary	1 Uhr
Lima	2 Uhr
Havanna	3 Uhr
Rio de Janeiro	4 Uhr
Nuuk	5 Uhr
Praia	6 Uhr
Casablanca	7 Uhr
London	8 Uhr

Tausendfüßer

„Ich würde so gerne auch mal zum Schlittschuhlaufen gehen", beklagt sich der Tausendfüßer. „Aber bis ich meine Schlittschuhe anhabe, ist der Winter vorbei."

erst in einer Viertelstunde kam, die beiden Freunde

Ein Mensch …

… der auf der Erde einen Meter hoch springt, schafft auf dem Mond einen Hochsprung von fast sechs Metern. Das hängt mit der geringeren Schwerkraft zusammen: 50 Kilo wiegen dort nur etwa 8,5 Kilo.

Versuchst du dagegen, auf dem Jupiter einen Meter hoch zu springen, wird dir das buchstäblich schwerfallen. Die Schwerkraft ist auf diesem Planeten viel größer als auf der Erde: aus 50 Kilo werden 130 Kilo – und aus einem Meter Sprunghöhe gerade mal 40 Zentimeter.

Astromomische Zahlen

Lichtjahr Strecke, die das Licht innerhalb eines Jahres zurücklegt – rund 9,5 Billionen Kilometer

Lichtgeschwindigkeit Geschwindigkeit, mit der sich das Licht fortbewegt – rund 299 792 Kilometer pro Sekunde

Astronomische Einheit Mittlere Entfernung zwischen Erde und Sonne – 149 597 871 Kilometer bzw. 8,3 Lichtminuten

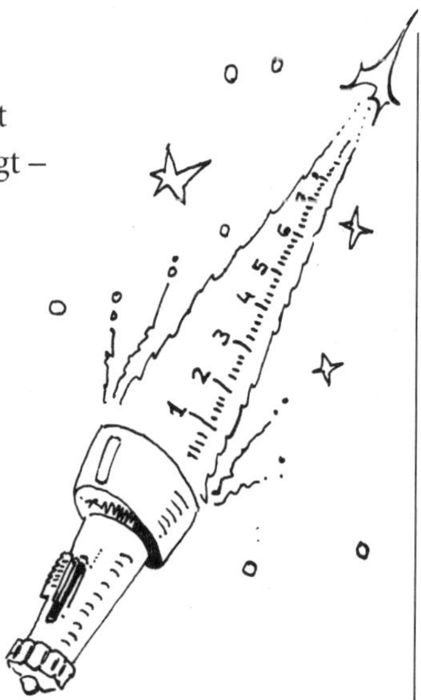

kombinierten, dass sich im Rucksack die Beute

Geteilte Meinungen …

… über UFOs (Unidentifizierte Flug-Objekte) haben der ehemalige US-Präsident Jimmy Carter und der Science-Fiction-Autor Arthur C. Clarke:

Carter: „Ich lache nicht mehr über Leute die sagen, sie hätten ein UFO gesehen – denn ich habe selbst eins gesehen."

Clarke: „Ich glaube nicht mehr an UFOs – denn ich habe schon zu viele gesehen."

Mit seinem Satz meint Clarke, dass er nie ein richtiges UFO gesehen hat, sondern immer nur Fälschungen. In den meisten Fällen handelt es sich um Luftballons, Wetterballons oder ferngesteuerte Heißluftballons.

Die größten Monde

Nicht nur unsere Erde hat einen Mond – auch andere Planeten haben Monde, zum Teil sogar gleich mehrere. Die 10 größten Monde sind: Ganymed (Jupiter), Titan (Saturn), Callisto (Jupiter), Io (Jupiter), Mond (Erde), Europa (Jupiter), Triton (Neptun), Titania (Uranus), Rhea (Saturn), Oberon (Uranus).

befinden müsse, daraufhin die Polizei anriefen, aber

Planeten-Symbole

☿	Merkur	♂	Mars	♅	Uranus
♀	Venus	♃	Jupiter	♆	Neptun
⊕	Erde	♄	Saturn	♇	Pluto

Ohne Raumanzug …

… könnte ein Mensch im Weltall nicht überleben. Die Temperaturen sind unerträglich heiß oder kalt, da es keine schützende Atmosphäre gibt, wie die Erde sie hat. Außerdem würde alle Luft aus den Lungen des Menschen gesaugt werden, und er würde innerhalb weniger Sekunden ersticken.

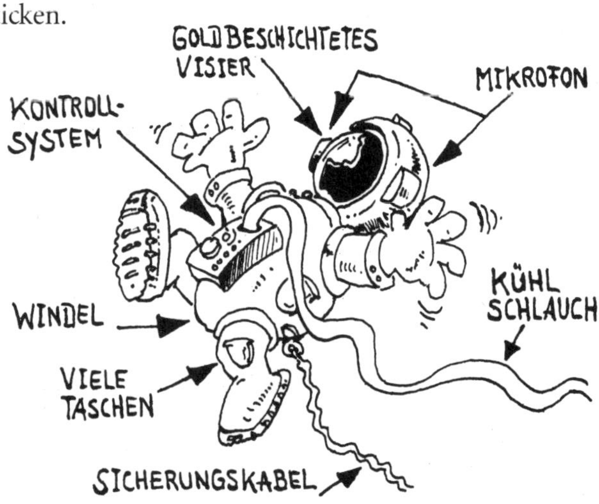

nicht, um den Ganoven festnehmen zu lassen,

Kometen

Kometen sind kleine Himmelskörper, die wie die Erde die Sonne umkreisen. Ihr Schweif kann bis zu 100 Kilometer lang werden. Manche Kometen werden in regelmäßigen Abständen immer wieder sichtbar. Hier einige Beispiele:

Name des Kometen	Kehrt wieder alle
Biela	6,6 Jahre
Borelly	6,8 Jahre
Chiron	50,4 Jahre
Enckescher Komet	3,3 Jahre
Halleyscher Komet	76,1 Jahre
Swift-Tuttle	133,3 Jahre
Tempel 1	5,5 Jahre

Ernährung im Weltall

Juri Gagarin, 1961 der erste Mensch im Weltall, ernährte sich noch aus Tuben. Im Reisegepäck waren dabei: Fruchtsaft, Pastete und Kaviar. Heute kann ein Astronaut unter rund 200 Menüs wählen, die in Plastikbeutel verpackt sind. Der deutsche Astronaut Reinhold Ewald sagte: „Die Speisen, die ein bisschen mit Chili oder Pfeffer gewürzt sind, sind als Erstes weg."

Ein Kilogramm Last ins Weltall zu transportieren, kostet rund 18 000 Euro. Ein 200 Gramm schweres Schnitzel würde also mit 3600 Euro zu Buche schlagen!

sondern um mitzuteilen, dass an der besagten

Etwa 5 Millionen Amerikaner ...

... behaupteten in den letzten 50 Jahren, von Außerirdischen entführt worden zu sein. Berühmt ist z. B. die Geschichte von Betty und Barney Hill, die 1961 auf der Rückreise von Kanada in die USA eine UFO-Entführung erlebt haben wollen. Sie sahen ein Licht am Himmel, dann erfolgte ein Piepton, alle Uhren blieben stehen. Erst unter Hypnose konnten sich Betty und Barney an die Entführung durch Außerirdische erinnern. Betty Hill beschrieb eine dreidimensionale Sternkarte, die 1968 entschlüsselt werden konnte. Sie wies auf das Sternsystem Zeta Reticuli, das 39 Lichtjahre von unserer Erde entfernt ist.

Die 10 hellsten Sterne

Name des Sterns	Sternbild	Entfernung in Lichtjahren
Sirius	Großer Hund	8,6
Canopus	Schiffskiel	310
Arcturus	Bärenhüter	37
Alpha Centauri	Centaurus	4,3
Wega	Leier	25,3
Capella	Fuhrmann	42
Rigel	Orion	773
Prokyon	Kleiner Hund	11,4
Achernar	Eridanus	143,8
Beteigeuze	Orion	427,4

Bushaltestelle eine Schlägerei stattfand, obwohl dies

Wusstest du …

… dass Astronauten Windeln tragen? Vor allem beim Raketenstart macht sich fast jeder Astronaut in die Hose. Grund: Die hohe Beschleunigung drückt die Flüssigkeit im Körper nach unten.

Kleines Weltraum-Quiz

1. Wie heißt der äußerste Planet unseres Sonnensystems?
a) Mars
b) Pluto
c) Jupiter

2. Wie nennt man die Wissenschaft von den Gestirnen?
a) Anatomie
b) Astrologie
c) Astronomie

3. Welches Gerät verwendet man zum Beobachten von Himmelserscheinungen?
a) Mikroskop
b) Stethoskop
c) Teleskop

(Lösung: 1b, 2c, 3c)

nicht stimmte, die Polizei daraufhin mit einem

20 erste Astronauten

Land	Name des Astronauten	Jahr
Afghanistan	Abdul Ahad Mhomand	1988
Belgien	Dirk Frimout	1992
Brasilien	Marcos César Pontes	2006
Bulgarien	Georgi Iwanow	1979
China	Yang Liwei	2003
Deutschland	Sigmund Jähn	1978
Frankreich	Jean-Loup Jacques Marie Chrétien	1982
Indien	Rakesh Sharma	1984
Israel	Ilan Ramon	2003
Italien	Franco Egidio Malerba	1992
Japan	Toyohiro Akiyama	1990
Kuba	Arnaldo Tamayo Méndez	1980
Mongolei	Shugderdemidyn Gurragtschaa	1981
Niederlande	Wubbo Ockels	1985
Österreich	Franz Viehböck	1991
Schweiz	Claude Nicollier	1992
Spanien	Pedro Francisco Duque	1998
Syrien	Muhammed Achmed Faris	1987
Ungarn	Bertalan Farkas	1980
Vietnam	Pham Tuan	1980

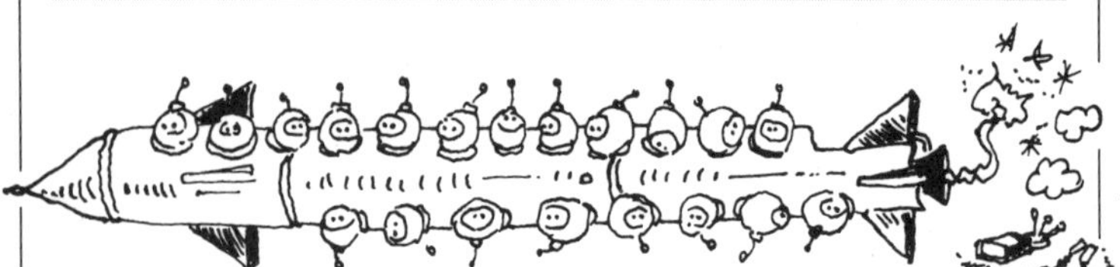

Streifenwagen vorfuhr, was den Einbrecher ganz

Sonne und Erde

Die Sonne …

… besteht zu 98 Prozent aus den Gasen Wasserstoff und Helium.

… hat einen Durchmesser von rund 1,4 Millionen Kilometer – 109-mal mehr als die Erde.

… verbrennt 564 Millionen Tonnen Wasserstoff pro Sekunde.

… kann maximal 11 Milliarden 112 Millionen Jahre alt werden.

… dreht sich in 210 Millionen Jahren einmal um das Zentrum der Milchstraße.

Die Erde …

… ist rund 4,6 Milliarden Jahre alt.

… wiegt 5,972 Trilliarden Tonnen.

… besteht zu knapp 94 Prozent aus den Elementen Sauerstoff, Eisen, Sizilium und Magnesium.

… hat einen Umfang von etwa 40 000 Kilometer.

… hat im Erdinneren eine Temperatur von rund 4000 Grad Celsius.

Woran erkennt man …

… dass ein Rennfahrer im Weltall war? – Der Große Wagen* ist kaputt.

… dass ein Dieb im Weltall war? – Am Großen Wagen fehlen die Räder.

*Als Großen Wagen bezeichnet man einen Teil des Sternbildes Großer Bär. Seine Sterne sind in Form eines Wagens (Kasten und Deichsel) angeordnet.

schön ins Schwitzen brachte, aber gleich wieder

Sport und Freizeit

Welcher Sportler ist ein berühmter deutscher Basketballer?

Z) Michael Schumacher
X) Michael Ballack
W) Dirk Nowitzki

Tour de France

Die Tour de France ist das berühmteste Radrennen der Welt. Sie wird seit 1903 in Frankreich veranstaltet. Der erste Gewinner war Maurice Garin. 1997 gewann mit Jan Ullrich erstmals ein Deutscher die Tour de France. Wer bei der Tour de France besonders gut ist, darf sich ein Trikot mit einer bestimmten Farbe überziehen:

Gelbes Trikot Dieses Trikot erhält, wer in der Gesamtwertung ganz vorn liegt.

Grünes Trikot Wer am schnellsten sprintet, darf dieses Trikot tragen.

Weißes Trikot Dieses Trikot darf tragen, wer von den bis zu 25-jährigen am besten fährt.

Weißes Trikot mit roten Punkten Dieses „Bergtrikot" erhält der schnellste Bergfahrer.

Ein Radfahrer kann bei einer schwierigen Bergetappe bis zu 10 000 Kalorien verbrauchen – das entspricht 12 Pizzas!

verschwanden, als sie merkten, dass sich da jemand

Die häufigsten Formel-1-Weltmeister

Rennfahrer	Titel	Jahr	Rennstall
Michael Schumacher	7	1994, 1995, 2000, 2001, 2002, 2003, 2004	Benetton-Ford, Benetton-Renault, Ferrari
Juan-Manuel Fangio	5	1951, 1954, 1955, 1956, 1957	Alfa Romeo, Mercedes
Alain Prost	4	1985, 1986, 1989, 1993	McLaren-Porsche, McLaren-Honda, Williams-Renault
Jack Brabham	3	1959, 1960, 1966	Cooper-Climax, Brabham-Repco
Jackie Stewart	3	1969, 1971, 1973	Matra-Ford, Tyrell-Ford
Niki Lauda	3	1975, 1977, 1984	Ferrari, Mc-Laren-Porsche
Nelson Piquet	3	1981, 1983, 1987	Brabham-Ford, Brabham-BMW, Williams-Honda
Ayrton Senna	3	1988, 1990, 1991	McLaren-Honda
Alberto Ascari	2	1952, 1953	Ferrari
Graham Hill	2	1962, 1968	BRM, Lotus-Ford
Jim Clark	2	1963, 1965	Lotus-Climax
Emerson Fittipaldi	2	1972, 1974	Lotus-Ford, McLaren-Ford
Mika Häkkinen	2	1998, 1999	McLaren-Mercedes

einen Streich erlaubt hatte, die beiden Freunde sich

Die Olympischen Spiele

Die ersten Olympischen Spiele der Neuzeit wurden 1896 von Pierre de Coubertin ins Leben gerufen. Dieser hat auch die Fahne mit den fünf olympischen Ringen entwickelt.

Olympische Spiele gab es bereits im alten Griechenland. Anfangs wurde nur ein Wettlauf über rund 192 Meter veranstaltet. Im Laufe der Zeit kamen weitere Sportarten hinzu.

1896 nahmen nur 245 Sportler aus 15 Ländern an den Olympischen Spielen in Athen teil. Bei den Olympischen Sommerspielen 2004 – ebenfalls in Athen – waren es bereits rund 10 500 Sportler, die 202 verschiedene Länder vertraten.

Die olympische Hymne wurde 1896 vom Griechen Spiridon Samaras komponiert. Der zugehörige Text stammt von Kostas Palamas.

Der erste olympische Eid wurde 1920 vom Fechter Victor Boin gesprochen. Die damalige Fassung lautete: „Wir schwören, dass wir an den Olympischen Spielen als ehrenwerte Kämpfer teilnehmen, die Regeln der Spiele achten und uns bemühen werden, ritterliche Gesinnung zu zeigen, zur Ehre unseres Vaterlandes und zum Ruhme des Sports."

Olympische Goldmedaillen bestehen zu mehr als 90 Prozent aus Silber! Sie werden aber mit 6 Gramm Gold überzogen, damit sie von außen golden sind.

dann ebenfalls zur Bushaltestelle begaben, und als

Asiatische Kampfsportarten

Name	Deutsche Bedeutung	Land
Judo	Sanfter Weg	Japan
Karate	Leere Hand	Japan
Kung Fu	Harte Arbeit	China
Sumo	Sich wehren	Japan
Tae-Kwon-Do	Fuß-Faust-Weg	Korea

Boxen

Im Boxsport werden gleich vier Weltmeistertitel vergeben! Das hängt damit zusammen, dass es vier wichtige Box-Verbände gibt, die jeder für sich einen Weltmeister küren. Die Verbände heißen: WBA, WBC, IBF und WBO.

Es gab bisher nur einen einzigen deutschen Boxweltmeister im Schwergewicht. Das war von 1930 bis 1932 Max Schmeling.

Knockout: Wer im Boxring zu Boden fällt und nicht innerhalb von zehn Sekunden wieder kampfbereit ist, hat durch K.o. verloren.

Der Boxring heißt zwar Ring, ist aber quadratisch. Die Länge jeder Seite beträgt meistens 6,10 Meter.

der Bus kam, sich direkt hinter dem Ganoven

Woran …

… erkennt man Golfsocken?

(Lösung: Sie haben 18 Löcher.)

Kleines Sport-Quiz

1. Welcher „Wurf“ ist keine Sportart?
a) Speerwurf
b) Hammerwurf
c) Maulwurf

2. Wie heißt ein Sprung beim Eiskunstlaufen?
a) Axel
b) Heinz
c) Fritz

3. Wenn begeisterte Zuschauer im Sportstadion eine „Welle“ machen, nennt man das …?
a) La Paloma
b) La Ola
c) Cherry Cola

(Lösung: 1c, 2a, 3b)

Warum …

… wurde Aschenputtel aus der Fußball-Mannschaft geworfen?

(Lösung: Sie lief immer vom Ball weg.)

„Mein bester Freund …

… kann einfach nicht Fußball spielen.“ – „Na, das ist doch nicht so schlimm.“ – „Normalerweise nicht, aber das Blöde ist: Er spielt trotzdem.“

platzierten, einer der Jungen unter die Sitzbank des

Nationalsport …

… nennt man eine Sportart, die für ein Land besonders typisch ist. Hier einige Beispiele:

Land	Sport
Brasilien	Fußball
China	Tischtennis
Deutschland	Fußball
Holland	Radfahren
Indonesien	Badminton
Japan	Sumo-Ringen
Kanada	Eishockey

Land	Sport
Kroatien	Handball
Marokko	Golf
Österreich	Skifahren
Saudi-Arabien	Kamelrennen
Schweiz	Skifahren
USA	Baseball
Venezuela	Baseball

Schwarze Milch

Vielleicht treibst du selbst Sport? Dann mixe dir immer mal wieder einen gesunden Fitness-Drink, z. B. „Schwarze Milch“. Du brauchst dazu $\frac{1}{8}$ Liter Milch, $\frac{1}{8}$ Liter schwarzen Johannisbeersaft sowie ein Eigelb. Verquirle alle Zutaten in einem Glas und gib zum Schluss zwei Eiswürfel hinein. Schmeckt lecker!

Ganoven kroch und lautlos den Rucksack öffnete,

Die Olympischen Sommerspiele*

Jahr	Stadt	Land
1908	London	Großbritannien
1912	Stockholm	Schweden
1920	Antwerpen	Belgien
1924	Paris	Frankreich
1928	Amsterdam	Niederlande
1932	Los Angeles	USA
1936	Berlin	Deutschland
1948	London	Großbritannien
1952	Helsinki	Finnland
1956	Melbourne	Australien
1960	Rom	Italien
1964	Tokio	Japan
1968	Mexiko-Stadt	Mexiko
1972	München	Deutschland
1976	Montréal	Kanada
1980	Moskau	Russland
1984	Los Angeles	USA
1988	Seoul	Südkorea
1992	Barcelona	Spanien
1996	Atlanta	USA
2000	Sydney	Australien
2004	Athen	Griechenland
2008	Peking	China
2012	London	Großbritannien

* Aus Platzgründen sind die Jahre 1896, 1900 und 1904 entfallen.

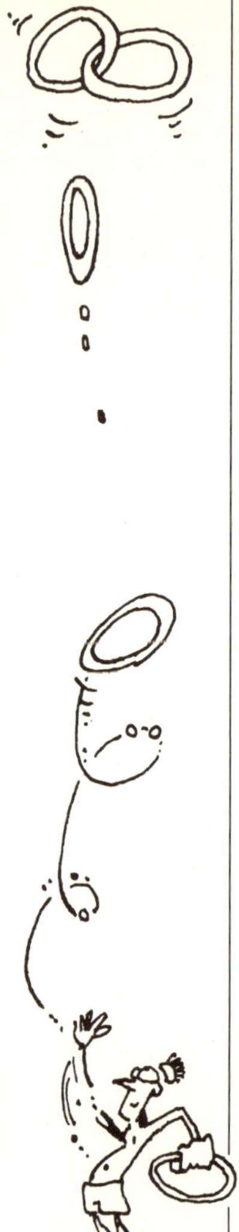

der sich zwischen den Beinen des Diebes befand,

Die Olympischen Winterspiele

Jahr	Stadt	Land
1924	Chamonix	Frankreich
1928	St. Moritz	Schweiz
1932	Lake Placid	USA
1936	Garmisch-Partenkirchen	Deutschland
1940	ausgefallen	ausgefallen
1944	ausgefallen	ausgefallen
1948	St. Moritz	Schweiz
1952	Oslo	Norwegen
1956	Cortina d'Ampezzo	Italien
1960	Squaw Valley	USA
1964	Innsbruck	Österreich
1968	Grenoble	Frankreich
1972	Sapporo	Japan
1976	Innsbruck	Österreich
1980	Lake Placid	USA
1984	Sarajevo	Bosnien-Herzegowina
1988	Calgary	Kanada
1992	Albertville	Frankreich
1994*	Lillehammer	Norwegen
1998	Nagano	Japan
2002	Salt Lake City	USA
2006	Turin	Italien
2010	Vancouver	Kanada

* erstmals nicht im gleichen Jahr wie die Sommerspiele

einen weiteren Zettel, auf dem stand „Wir wissen

Bundestrainer der deutschen National-Elf

Herren	
1928 bis 1936	Otto Nerz
1936 bis 1942	Sepp Herberger
1950 bis 1964	Sepp Herberger
1964 bis 1978	Helmut Schön
1978 bis 1984	Jupp Derwall
1984 bis 1990	Franz Beckenbauer („Teamchef")
1990 bis 1998	Berti Vogts
1998 bis 2000	Erich Ribbeck
2000 bis 2004	Rudi Völler („Teamchef")
2004 bis 2006	Jürgen Klinsmann
seit 2006	Joachim Löw

Damen	
1982 bis 1996	Gero Bisanz
1996 bis 2005	Tina Theune-Meyer
seit 2005	Silvia Neid

„Versteht ...

... euer Trainer denn was vom Fußball?" – „Na, und ob! Vor dem Spiel erklärt er uns, wie wir gewinnen können, und danach, warum wir verloren haben."

alles", den die Freunde geschrieben hatten, dem

Grand Slam …

… bedeutet so viel wie „Großer Wurf". Im Tennis steht Grand Slam für den Gewinn der vier Tennisturniere Wimbledon, US Open, French Open, Australian Open.

Die deutsche Tennisspielerin Steffi Graf erreichte 1988 einen „Golden Slam": Sie gewann alle vier Grand-Slam-Turniere und noch dazu das olympische Tennisturnier.

„Arschbombe"

Arschbomben sind auch unter den Namen Cannonball, Peckla oder Splash Diving bekannt. Eine Arschbombe ist ein Sprung, bei der man mit dem Gesäß zuerst im Schwimmbecken landet, sodass möglichst viel Wasser hochspritzt.

Arschbomben gab es bereits vor 300 Jahren auf Hawaii. Dort nannte man sie Lele Pahu, was bedeutet „wie eine Trommel tauchen".

Neben der herkömmlichen Arschbombe gibt es weitere Varianten, z. B. die Yogi-Arschbombe, die schmale Katze, das offene Brett oder die Kartoffel.

Bei einem Sprung vom 10-Meter-Brett erreicht man mit einer Arschbombe eine Geschwindigkeit von etwa 45 Kilometer pro Stunde.

Verfolgten vorsichtig oben in den Rucksack legte,

Olympischer Medaillenspiegel

Sommerspiele

Land	Gold	Silber	Bronze	Insgesamt
USA	898	694	611	2203
Russland (früher UdSSR)	526	437	410	1373
Deutschland (mit DDR)	385	403	431	1219
England	191	244	242	677
Frankreich	186	199	218	603
Italien	182	148	164	494
Ungarn	156	135	157	448
Schweden	142	155	172	469
Australien	121	126	154	401
Japan	114	106	115	335

Winterspiele

Land	Gold	Silber	Bronze	Insgesamt
Russland (früher UdSSR)	120	87	86	293
Deutschland (mit DDR)	118	116	94	328
Norwegen	98	98	84	280
USA	78	80	58	216
Österreich	51	64	70	185
Schweden	43	31	44	118
Finnland	41	58	52	151
Kanada	38	38	43	119
Schweiz	38	37	43	118
Italien	36	31	34	101

in dem sich ein Haufen Wertgegenstände befanden,

Kirschkern-Weitspucken

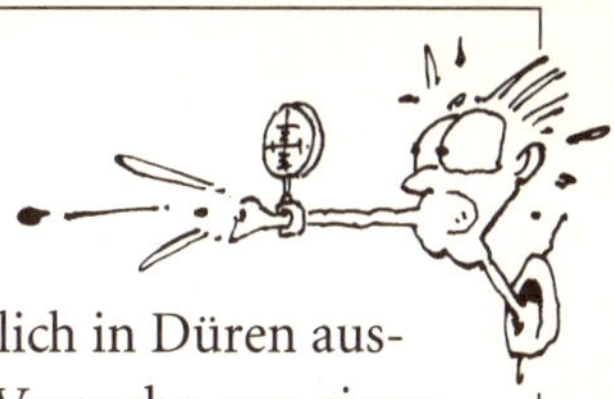

Die Weltmeisterschaft im Kirschkern-Weitspucken wird seit 1974 jährlich in Düren ausgetragen. Jeder Teilnehmer hat sechs Versuche, um einen vollständig abgeknabberten Kirschkern möglichst weit zu spucken. Der erste Weltmeister war Heinz Michels mit einer Weite von 14,61 Metern. Martin Metzker, Weltmeister 2005, brachte es auf stattliche 19,56 Meter. Der Weltrekord im Kirschkern-Weitspucken liegt übrigens bei 21,71 Meter (Herren) bzw. 15,24 Meter (Damen).

Vermischtes aus der Welt des Sports

Mit Ausnahme von 1978 und 2006 waren seit 1950 immer Deutschland oder Brasilien im Finale einer Fußball-Weltmeisterschaft.

Von 1900 bis 1920 war Tauziehen eine olympische Disziplin.

Die höchsten Preisgelder im Sport kassieren Tennisspieler, Golfer und Westernreiter.

Bei einem Boxenstopp in der Formel-1 tankt ein Wagen bis zu 15 Liter Sprit pro Sekunde.

Die beiden Boxer Wladimir und Vitali Klitschko sind Doktoren der Sportwissenschaft.

den Rucksack dann wieder schloss und, der Bus kam

Aus der Geschichte

Welcher römische Kaiser soll Theater gespielt haben, und dabei auch als Frau aufgetreten sein?

B) Augustus

O) Nero

K) Tiberius

Was hat Silvester mit einem Papst zu tun?

Der letzte Tag im Jahr hat seinen Namen von Papst Silvester I., der am 31. Dezember 335 starb. Er wurde heilig gesprochen, weil man ihm Heilkräfte nachsagte. Der 31.12. ist sein Namenstag. Im angloamerikanischen Sprachraum heißt der letzte Tag des Jahres „New Year's Eve".

Welchen Beinamen …

… erhielt Kaiser Friedrich I., der von 1122 bis 1190 lebte?

a) Barbarossa

b) Barbabella

c) Barbaletta

(Lösung: Barbarossa ist richtig – Barbabella und Barbaletta sind Barbapapas.)

gerade zum Stehen, die Detektive gemeinsam mit

Das Leben eines Ritters

Im Winter langweilten sich Ritter meistens – und froren. In kleineren Burgen gab es nur in einem einzigen Raum einen Ofen, der Kemenate. Als Schutz vor der Kälte wurden die Fenster mit Tierhäuten verhängt, sodass es in der Burg auch noch stockdunkel war. Nur das Licht von Fackeln, Talglampen und Kerzen schuf ein wenig Abhilfe. Allerdings lag ständig Ruß in der Luft, der die Augen reizte.

Ritter ernährten sich in erster Linie von Brot und anderen Backwaren, Obst und Gemüse, Fleisch und Grützebrei. Geschätzte Getränke waren Bier und Wein.

Bei hochgelegenen Burgen mussten sich Ritter etwas einfallen lassen, um mit ausreichend Wasser versorgt zu werden. Oft ließ man tiefe Brunnen bohren. In Zisternen wurde Regenwasser gesammelt.

Ritterturniere wurden zum Zeitvertreib veranstaltet, aber auch, um sich im Kampf zu üben. Das beliebte Lanzenstechen wird auch als „Tjost“ bezeichnet. Hierbei versuchte ein Ritter, den anderen mit der Lanze vom Pferd zu stoßen.

dem Ganoven ausstiegen, der auf einen einsamen

Bundespräsidenten

Deutschland

Name des Präsidenten	Amtszeit
Theodor Heuss	1949–1959
Heinrich Lübke	1959–1969
Gustav Heinemann	1969–1974
Walter Scheel	1974–1979
Karl Carstens	1979–1984
Richard von Weizsäcker	1984–1994
Roman Herzog	1994–1999
Johannes Rau	1999–2004
Horst Köhler	seit 2004

Österreich

Name des Präsidenten	Amtszeit
Karl Renner	1945–1950 (starb am 31.12.1950)
Theodor Körner	1951–1957
Adolf Schärf	1957–1965
Franz Jonas	1965–1974
Rudolf Kirchschläger	1974–1986
Kurt Waldheim	1986–1992
Thomas Klestil	1992–2004
Heinz Fischer	seit 2004

Park zusteuerte, in dem, es begann langsam, dunkel

Schweiz

Schweizer Bundespräsidenten werden seit 1848 jeweils für ein Jahr gewählt. Hier die Bundespräsidenten von 1997 bis 2006:

Arnold Koller	1997	Kaspar Villiger	2002
Flavio Cotti	1998	Pascal Couchepin	2003
Ruth Dreifuss	1999	Joseph Deiss	2004
Adolf Ogi	2000	Samuel Schmid	2005
Moritz Leuenberger	2001	Moritz Leuenberger	2006

Überlebte Anastasia?

Die Großfürstin Anastasia wurde 1901 geboren. Sie war die jüngste Tochter des russischen Zaren Nikolaus II. Am 17. Juli 1918 wurde die gesamte russische Zarenfamilie ermordet. Später tauchten mehrere Frauen auf, die behaupteten, Anastasia zu sein. Und tatsächlich: Im Grab der Zarenfamilie fehlten zwei Leichen. Hatte Anastasia das Attentat überlebt?

Eine der Frauen, die behaupteten Anastasia zu sein, war Franziska Schanzkowsky, die später als Anna Anderson in den USA lebte. Sie wurde 1920 aus dem Landwehrkanal in Berlin gerettet. Erst in den 1990er-Jahren wurde durch eine Gen-Analyse zweifelsfrei festgestellt, dass Franziska Schanzkowsky eine Hochstaplerin war.

zu werden, gerade die düsteren Laternen angingen,

Seltsame Beinamen

Margarete von Tirol, die von 1318 bis 1369 lebte, erhielt den Beinamen „Maultasch". Wahrscheinlicher Grund: Unterhalb ihrer Lieblingsburg befand sich eine Zollstation, die „mala tasca" genannt wurde – daraus machte der Volksmund „Maultasch".

Harald I. war im 10. Jahrhundert König von Dänemark und Norwegen. Sein Beiname war „Blauzahn" – das kommt wahrscheinlich von „Blåtand", was so viel wie „dunkler Häuptling" bedeutet. Nach ihm wurde die drahtlose Verbindung von Computern benannt („Bluetooth").

Vom thüringischen Landgrafen Albrecht II., genannt der „Entartete", sei nur berichtet: Er war der Sohn von Heinrich dem Erlauchten. Einer seiner Söhne hieß Friedrich der Gebissene. Außerdem hatte er einen Neffen mit Namen Friedrich der Stammler.

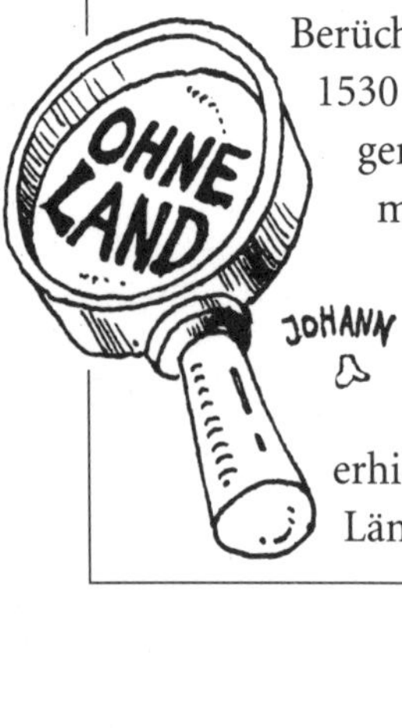

Berüchtigt: der russische Zar Iwan IV., der von 1530 bis 1584 lebte. Er wurde der „Schreckliche" genannt, weil er sich angeblich gerne Foltermethoden ausdachte und im Jähzorn sogar seinen eigenen Sohn erschlug.

Johann Ohneland war der Bruder von Richard Löwenherz. Seinen Beinamen erhielt er, weil er von seinem Vater nur kleine Ländereien als Erbe zugesprochen bekam.

sich deshalb ein wenig fürchteten, aber trotzdem

Die deutsche Nationalhymne

Die „Kaiserhymne“ war die Hymne des deutschen Kaiserreichs von 1871 bis 1918. Sie hat die gleiche Melodie wie die englische Nationalhymne „God Save the Queen“. Der Text wurde bereits 1790 von Heinrich Harries gedichtet und war ursprünglich für den damaligen dänischen König gedacht.

In Österreich wurde von 1797 bis 1918 die Hymne „Gott erhalte Franz, den Kaiser“ gesungen. Die Melodie wurde von Joseph Haydn komponiert und ist heute die Melodie der deutschen Nationalhymne. Der Hymnentext stammt von August Heinrich Hoffmann von Fallersleben. Er schrieb das „Lied der Deutschen“ auf der Insel Helgoland am 26. August 1841. Die dritte Strophe ist der Text der deutschen Nationalhymne.

Einigkeit und Recht und Freiheit
Für das deutsche Vaterland!
Danach lasst uns alle streben,
Brüderlich mit Herz und Hand!
Einigkeit und Recht und Freiheit
Sind des Glückes Unterpfand:
Blüh im Glanze dieses Glückes,
Blühe, deutsches Vaterland!

Schritt hielten, beobachteten, wie sich der Ganove,

Gerüchte aus der Geschichte

Der französische …

… Feldherr Napoleon Bonaparte soll seine Schlachtpläne in einem Sandkasten entwickelt haben.

Die ägyptische …

… Königin Kleopatra soll manchmal einen falschen Bart getragen haben.

Der italienische …

… Künstler Leonardo da Vinci soll die Fähigkeit besessen haben, gleichzeitig mit der einen Hand zu schreiben, während er mit der anderen zeichnete.

Die alten Römer …

… sollen Urin als Mundwasser verwendet haben.

Keltische Krieger …

… sollen manchmal nackt in ihre Schlachten gezogen sein.

Der persische …

… Großwesir Abdul Kassam Ismael soll auf Reisen stets seine komplette Bibliothek mitgeführt haben. Für den Transport waren 400 Kamele notwendig.

Wie heißt der Westernheld?

AFLUBOF LILB

(Lösung: BUFFALO BILL)

sichtlich angespannt, auf einer Parkbank niederließ

Den kürzesten Krieg …

… der Geschichte gab es 1896 zwischen Großbritannien und Sansibar.
Er dauerte nur 38 Minuten.

Im alten Ägypten …

… wurden Verstorbene mumifiziert. Dabei wurden die inneren Organe und das Gehirn entfernt. Diese wurden in besonderen Gefäßen aufbewahrt. Dann rieb man den Körper mit Wein und Ölen ein, und füllte ihn mit Kräutern, welche die Verwesung hemmen sollten. Am Ende der Prozedur ließ man den Leichnam 70 Tage lang trocknen, bevor man ihn mit Leinenstreifen einwickelte. Zwischen die Binden legte man Amulette zum Schutz der Toten. Fertig war die Mumie! Sie wurde in einen Sarkophag gelegt. Übrigens wurden auch Katzen, Krokodile oder Vögel mumifiziert.

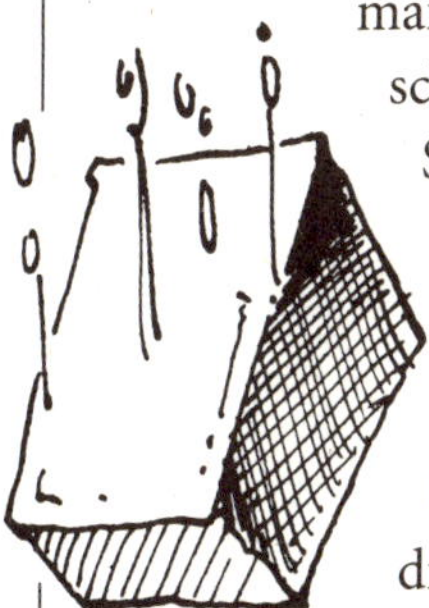

In der Cheops-Pyramide beispielsweise, die mehr als 4500 Jahre alt ist, wurde der Pharao Chufu bestattet, dessen griechischer Name Cheops war. Die Pyramide ist heute noch etwa 137 Meter hoch. Sie besteht aus rund 2,5 Millionen Steinblöcken, von denen jeder im Durchschnitt 2,5 Tonnen wiegt.

und scheinbar auf jemanden wartete, immer wieder

Die Hanse

Die Kaufleute, die mit Gewürzen aus Asien handelten, wurden „Pfeffersäcke“ genannt. Ihre Schiffe wurden häufig von Piraten überfallen. Deshalb schlossen sich die Händler zusammen, um sich gegenseitig zu helfen. Aus einem solchen Bund entstand im 13. Jahrhundert die Hanse. Bis zu 70 Städte gehörten ihr an, z. B. Hamburg, Köln, Dortmund und Münster. Das Wort stammt vom althochdeutschen „Hansa“, was so viel wie „Bund“ bedeutet. Der bekannteste Pirat war Klaus Störtebeker, der 1402 in Hamburg hingerichtet wurde.

Heute gibt es in Deutschland noch acht offizielle Hansestädte: Bremen, Demmin, Greifswald, Hamburg, Lübeck, Rostock, Stralsund und Wismar. Sie tragen sogar das „H“ im Autokennzeichen, z. B. HH für Hansestadt Hamburg.

Naddoddur

Der Wikinger Naddoddur lebte im 9. Jahrhundert. Er war einer der ersten, der mit seinen Söhnen Brynjolvur, Mar und Beinir auf den Faröer Inseln siedelte, die zu Dänemark gehören. Naddoddur soll auch Island entdeckt haben und sei noch vor Leif Erikson und Christoph Kolumbus in Amerika gewesen.

auf die Uhr blickte und sich nach allen Richtungen

Amerika …

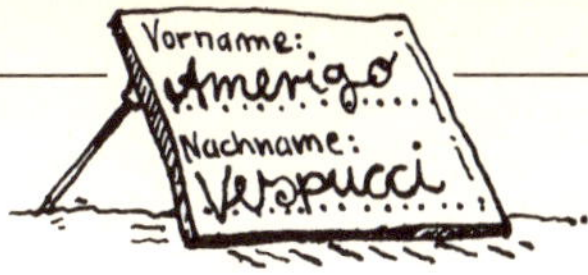

… wurde nach dem italienischen Seefahrer Amerigo Vespucci benannt – der amerikanische Kontinent hat eine Fläche von 42 Millionen Quadratkilometern!

Nach dem Amerika-Entdecker Christoph Kolumbus wurden benannt: Kolumbien (südamerikanisches Land), Britisch-Kolumbien (Provinz in Kanada), Columbiaplateau (USA), District of Columbia (USA) und einige kleinere Orte – zusammen knapp 2,4 Millionen Quadratkilometer.

Den Titel …

… des Kaisers von Österreich mussten Schulkinder früher auswendig lernen:

„Franz Joseph I., von Gottes Gnaden Kaiser von Österreich, Apostolischer König von Ungarn, König von Böhmen, von Dalmatien, Kroatien, Slawonien, Galizien, Ladomerien und Illyrien, König von Jerusalem etc., Erzherzog von Österreich, Großherzog von der Toskana und Krakau, Herzog von Lothringen, von Salzburg, Steier, Kärnten, Krain und der Bukowina, Großfürst von Siebenbürgen, Markgraf von Mähren, Herzog von Ober- und Nieder-Schlesien, von Modena, Parma, Piacenza und Guastalla, von Auschwitz und Zator, von Teschen, Friaul, Ragusa und Zara, gefürsteter Graf von Habsburg und Tirol etc. etc.“

umschaute, weshalb sich die beiden Detektive an

Die Schweizergarde …

… ist seit dem Jahr 1506 für den Schutz des Papstes zuständig und damit die älteste Armee der Welt. Die Schweizergarde besteht aus 110 Mann:

1 Kommandant
1 Vizekommandant
1 Kaplan
1 Major
1 Feldwebel
2 Hauptleute
5 Wachtmeister
10 Korporäle
10 Vizekorporäle
78 Gardisten

Das muss man sein:

- Schweizer Staatsbürger
- männlich
- katholisch
- bis zum Rang eines Unteroffiziers ledig
- mindestens 1,74 m groß
- 19 bis 30 Jahre alt
- sportlich

Es gab bisher 33 Kommandanten der Schweizergarde. Der erste hieß Kaspar von Silenen und amtierte von 1506 bis 1517. Seit 2002 ist der St. Gallener Elmar Theodor Mäder Kommandant der Schweizergarde.

einem barocken Brunnen positionierten und taten

Der Dreißigjährige Krieg …

… begann 1618 mit dem Prager Fenstersturz und endete 1648 mit dem Westfälischen Frieden.

Es kämpfte die katholische „Liga“ gegen die protestantische „Union“. Das Ziel der Katholiken war, die protestantischen Gebiete ihres Reiches wieder katholisch zu machen.

Die Liga: Kaiser Ferdinand II. mit dem Feldherrn Wallenstein (danach Kaiser Ferdinand III.), Kurfürst Maximilian I. von Bayern mit dem Feldherrn Tilly, Spanien

Die Union: Dänemark unter König Christian IV., Schweden unter König Gustav II. Adolf, Frankreich

Die Armeen des Dreißigjährigen Krieges waren Söldnertruppen (Landsknechte). Sie kämpften für ihren Sold. Wer in der Folge der verheerenden Landverwüstungen seinen Hof verloren hatte, schloss sich lieber einer Truppe an als zu verhungern. Ihre Familien nahmen die Landsknechte häufig mit. Händler und Handwerker folgten den Truppen, sie sorgten für ihre Versorgung.

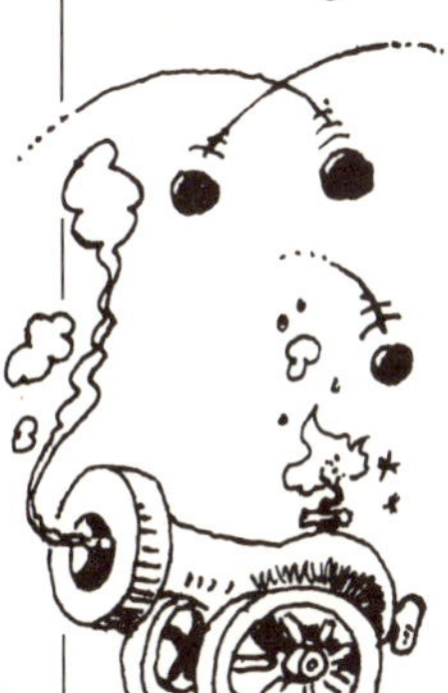

Im Westfälischen Frieden erhielten die protestantischen Länder ihre Unabhängigkeit; die katholischen Länder blieben katholisch.

als würden sie spielen, der Ganove schließlich, sich

Schule und Lernen

In welchem Land befindet sich die „City Montessory School" – mit über 30 000 Schülern die größte Schule der Welt?

L) Indien
Q) Kanada
P) Irland

Haben Katzen drei Schwänze?

Keine Katze hat zwei Schwänze.
Eine Katze hat einen Schwanz mehr als keine Katze.
Also hat eine Katze drei Schwänze.

Eine Mutter …

… hat sechs Töchter. Jede Tochter hat einen Bruder. Wie viele Kinder hat die Mutter?

(Lösung: Sieben – sechs Töchter und einen Sohn)

Primzahlen …

… sind nur durch sich selbst und durch 1 teilbar: 2, 3, 5, 7, 11, 13, 17, 19, 23, 29, 31, 37, 41, 43, 47, 53, 59, 61, 67, 71, 73, 79, 83, 89, 97 usw.

unbeobachtet fühlend, noch mal die heiße Ware

Eselsbrücken …

… helfen dir dabei, dich an Dinge einfacher zu erinnern, indem du z. B. einen Reim daraus machst oder dir einen einfach zu merkenden Satz dazu ausdenkst. Hier einige Beispiele:

„Nie ohne Seife waschen“: Die Anfangsbuchstaben der vier Wörter ergeben die vier Himmelsrichtungen Norden, Osten, Süden, Westen.

„Sieben, fünf, drei – Rom schlüpft aus dem Ei“: Im Jahr 753 vor Christus wurde Rom gegründet – mit diesem Reim kannst du dir das Datum merken.

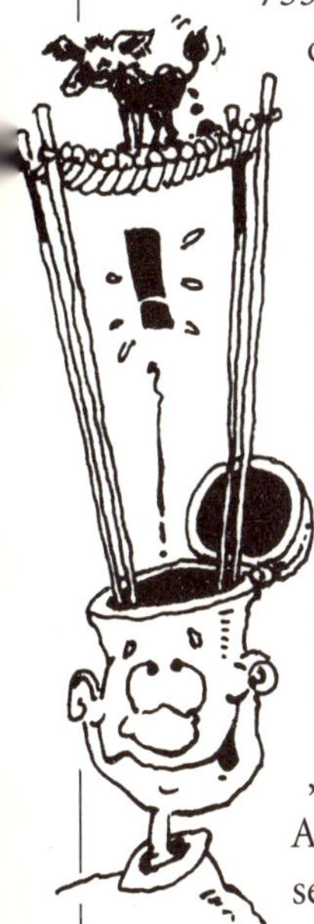

„Wer nämlich mit ‚h‘ schreibt, ist dämlich“: Mit dieser Eselsbrücke merkst du dir, dass „nämlich“ von Name kommt – und ohne „h“ geschrieben wird.

„Mein Vater erklärt mir jeden Sonntag unsere neun Planeten“: Die Anfangsbuchstaben der Wörter standen für die Planeten Merkur, Venus, Erde, Mars, Jupiter, Saturn, Uranus, Neptun und Pluto. Seit dem 24. August 2006 gilt Pluto nicht mehr als Planet.

„Ein Anfänger der Gitarre habe Eifer“: Die Anfangsbuchstaben der Wörter stehen für die sechs Saiten einer Gitarre.

prüfte und, als er den Zettel im Rucksack liegen sah,

Das kleine Einmaleins

mal	1	2	3	4	5	6	7	8	9	10
1	1	2	3	4	5	6	7	8	9	10
2	2	4	6	8	10	12	14	16	18	20
3	3	6	9	12	15	18	21	24	27	30
4	4	8	12	16	20	24	28	32	36	40
5	5	10	15	20	25	30	35	40	45	50
6	6	12	18	24	30	36	42	48	54	60
7	7	14	21	28	35	42	49	56	63	70
8	8	16	24	32	40	48	56	64	72	80
9	9	18	27	36	45	54	63	72	81	90
10	10	20	30	40	50	60	70	80	90	100

Zitate zur Schule

„Für mich gibt es Wichtigeres im Leben als die Schule.“ (Mark Twain)

„Einen jungen Menschen zu unterrichten, heißt nicht, einen Eimer zu füllen, sondern ein Feuer zu entzünden.“ (Aristoteles)

„Ich unterrichte meine Schüler nie; ich versuche nur, Bedingungen zu schaffen, unter denen sie lernen können.“ (Albert Einstein)

„Nicht für die Schule, sondern für das Leben lernen wir.“ (Seneca)

einen Riesenschreck bekam, aufsprang, Panik war

Mathe-Experiment

1. Zähle fünf beliebige aufeinanderfolgende Zahlen zusammen, also z. B. 4 + 5 + 6 + 7 + 8 = 30. Verwende notfalls einen Taschenrechner.
2. Teile das Ergebnis durch 5 (30 : 5 = 6).
3. Ziehe von der verbleibenden Zahl 2 ab (6 – 2 = 4).

Egal, welche Zahlen du verwendest: Als Ergebnis erhältst du immer diejenige Zahl, mit der du zu rechnen begonnen hast (in diesem Fall 4).

Was stimmt hier nicht?

Auf ging's zur Fahrt über den Fluß auf einem grossen Floß. Plötzlich schoß das Floß in eine Stromschnelle und ich war pudelnaß. Jetzt war der Spass aber vorbei! Dann mußte ich auch noch meinen Pass vorzeigen! Ich wusste nicht, wie ich ihn aus meiner naßen Hose herausholen sollte. So ein Streß! Schweißnass ging ich trockenen Fusses an Land.

(Lösung: Fluss, großen, schoss, pudelnass, Spaß, musste, nassen, Stress, Fußes)

ihm ins Gesicht geschrieben, seinen Rucksack auf

5 wichtige Lerntipps

1. Lerne am richtigen Ort! Wichtig sind vor allem Ruhe, viel Licht, frische Luft, die richtige Temperatur – und ein aufgeräumter Schreibtisch.

2. Lerne zur richtigen Zeit! Die meisten Kinder können sich nach dem Mittagessen nur schwer konzentrieren. Geh in diesem Fall lieber mittags spielen und lerne dafür später am Nachmittag, wenn du dich ausgetobt hast.

3. Übung macht den Meister! Wenn du etwas nur einmal durchliest, vergisst du es oft schnell wieder. Durch Wiederholung bringst du den Lernstoff vom Kurzzeitgedächtnis ins Langzeitgedächtnis.

4. Übertrage deinen Lernstoff vom Schulheft auf Karteikarten. Auf die Vorderseite der Karte schreibst du einen bestimmten Begriff, z. B. „Wasser“ oder ein Fremdwort. Die Rückseite verwendest du dazu, den Begriff zu erklären. Mithilfe der Karteikarten kannst du deinen Lernstoff sortieren: Das, was du schon gut weißt, kommt nach hinten; das, was du noch öfter wiederholen muss, steht ganz vorn.

5. Vergiss die Pausen nicht! Halte ein Buch mit ausgestrecktem Arm vor dich hin. Mal sehen, wie lange du das aushältst. Spätestens nach ein paar Minuten geht dir die Puste aus – du musst Pause machen. Auch dein Gehirn muss sich zwischendurch mal entspannen.

den Rücken nahm und in Windeseile davonlief, die

Echt starke Zeitwörter* – Findest du die Fehler?

Timo kam in die Küche, hing seine Jacke auf, saß sich an den Tisch, greifte zum Löffel und aß seine Suppe. Weil sie noch heiß war, bläste er darüber um sie abzukühlen. „Jetzt hast du mich aber erschrocken“, rufte seine Mutter, die am Herd stand, und wendete sich zu ihm um. „Übrigens, wie heißte eigentlich dein Freund aus dem Kindergarten? Ich sehte ihn im Supermarkt.“

* Unregelmäßige („starke“) Zeitwörter verändern ihren Stammlaut, wenn sie gebeugt werden, z. B. sehen, sah, gesehen. Regelmäßige („schwache“) Zeitwörter behalten den Stammlaut, z. B. winken, winkte, gewinkt.

(Lösung: hängte, setzte sich, griff, blies, erschreckt, rief, wandte sich um, hieß, sah)

Erwischt!

Sagt der Lehrer: „Ich hoffe, dass ich dich in Zukunft nicht mehr beim Abschreiben erwische.“
Schüler: „Oh ja, das hoffe ich auch!“

Detektive dem Einbrecher erneut folgten, bis vor die

Gigabyte, Hektogramm ...

Was bedeuten eigentlich die Vorsilben „Giga", „Hekto" usw.? Ganz einfach: Sie geben eine Menge an. Wie die folgende Tabelle zeigt, besteht z. B. 1 Gigabyte aus 1 Milliarde Bytes!

Hekto	100 (1 Hundert) Einheiten
Kilo	1.000 (1 Tausend) Einheiten
Mega	1.000.000 (1 Million) Einheiten
Giga	1.000.000.000 (1 Milliarde) Einheiten
Tera	1.000.000.000.000 (1 Billion) Einheiten
Peta	1.000.000.000.000.000 (1 Billiarde) Einheiten
Exa	1.000.000.000.000.000.000 (1 Trillion) Einheiten
Zetta	1.000.000.000.000.000.000.000 (1 Trilliarde) Einheiten
Yotta	1.000.000.000.000.000.000.000.000 (1 Quadrillion) Einheiten

Eijeijei

Lehrer zur Schülerin: „Wenn ich drei Eier auf den Tisch lege und du legst noch acht dazu, wie viele Eier sind es dann zusammen?"
Stottert Tini: „Ich kann doch gar keine Eier legen!"

Haustür, in der er schleichend verschwand, jeder der

Laut Statistik …

… sind Kinder, die schnarchen, schlechtere Schüler.
… wachsen Kinder im Frühjahr am schnellsten.
… stellt ein Vierjähriger rund 400 Fragen pro Tag.
… stechen Moskitos lieber Kinder als Erwachsene.

Schule in verschiedenen Sprachen

Dänisch	skole	Italienisch	scuola
Englisch	school	Norwegisch	skole
Estnisch	kool	Portugiesisch	escola
Finnisch	koulu	Türkisch	okul
Französisch	école	Ungarisch	iskola

Hohe Ansprüche

Fritzchen wird eingeschult. Als er das Klassenzimmer betritt, meckert er: „Was! Das soll die erste Klasse sein? Da sind ja nicht mal Polster auf den Stühlen!“

beiden kurz mit den Eltern telefonierte und diese

Referate

Es ist nicht jedermanns Sache, vor der ganzen Klasse ein Referat zu halten. Hier einige Tipps:

- Spiele nicht den Klassenkasper, um deine Unsicherheit zu verbergen.
- Trage das Referat zunächst jemand aus deiner Familie oder einer Freundin vor; wenn du das Referat schon mal gehalten hast, fällt dir der Vortrag in der Schule wesentlich leichter.
- Lerne dich selbst kennen: Sprich zu deinem Spiegelbild und nimm das Gesprochene mit einem Kassettenrekorder auf – versuche das, was dir nicht gefällt, zu ändern.
- Melde dich im Unterricht, so oft es geht. Wenn du im Unterricht viel sprichst, werden dir auf Dauer auch Referate leichter fallen.
- Mache dir für das Referat eine Gliederung und Notizen, aber schreibe es nicht wörtlich auf. Ein Referat, das abgelesen wird, langweilt die Zuhörer.
- Wenn du deine Arme und Hände beim Sprechen bewegst, wirkt dein Vortrag gleich viel lebendiger.

Der Lehrer …

… fragt in der Deutschstunde: „Wenn ich sage ‚Ich bin schön' – welche Zeit ist das?" Antwortet ein Schüler: „Längst Vergangenheit."

darüber informierte, dass er beim jeweils anderen

„Mein Zeugnis …

… ist wirklich nicht besonders. Das Schulsystem hat versagt.“

… zeige ich dir gleich. Erst musst ich dir aber sagen, dass du der liebste Papi der Welt bist. Ich bin echt froh, dass du immer so cool und verständnisvoll bist.“

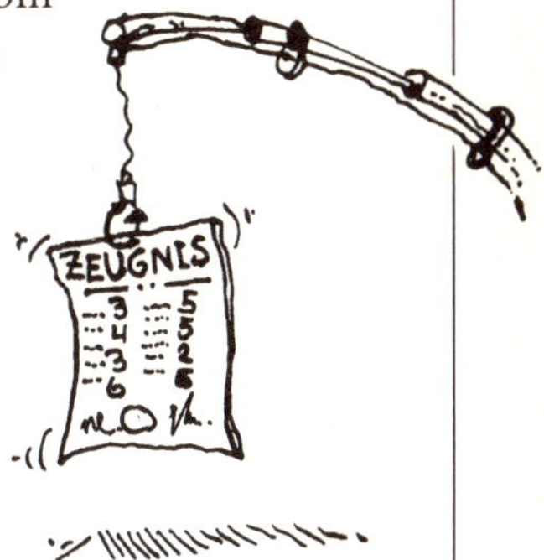

… habe ich verloren. Ich zeige dir dafür das von meinem besten Freund Alex – der ist Klassenbester.“

… willst du sehen? Ich dachte, du kannst keine Noten lesen!“

Zahlen zur Schule

In Deutschland gibt es rund 40 000 allgemeinbildende Schulen mit etwa 400 000 Schulklassen. Diese werden von 9,7 Millionen Schülern besucht. Lehrer gibt es 672 000, davon arbeiten allerdings 279 000 nur in Teilzeit. Jede Woche werden in Deutschland knapp 14 Millionen Unterrichtsstunden abgehalten. Bei 45 Minuten pro Schulstunde finden somit Woche für Woche 1200 Jahre Unterricht statt.

Laut UNICEF haben 100 Millionen Kinder weltweit keine Möglichkeit, eine Schule zu besuchen – die meisten davon in den armen Teilen Afrikas und Asiens.

übernachte, dann sich das dritte und letzte Eis des

PISA – wo leben die besten Schüler?

PISA ist ein Test, mit dem 15-jährige Schüler in vielen Ländern der Erde alle drei Jahre auf die Probe gestellt werden. Hier einige knifflige PISA-Aufgaben – vielleicht findest du die Lösungen?

1. Mei-Ling fand folgenden Wechselkurs zwischen Singapur Dollar (SGD) und Südafrikanischen Rand (ZAR) heraus: 1 SGD = 4,2 ZAR. Mei-Ling wechselte 3000 Singapur Dollar in Südafrikanische Rand. Wie viele Südafrikanische Rand hat Mei-Ling erhalten?

2. Welche Aussage erklärt, warum es auf der Erde Tag und Nacht gibt?
a) Die Erde rotiert um ihre Achse.
b) Die Sonne rotiert um ihre Achse.
c) Die Erdachse ist geneigt.
d) Die Erde dreht sich um die Sonne.

3. Seit 1980 hat die Durchschnittsgröße 20-jähriger Frauen um 2,3 Zentimeter auf 170,6 Zentimeter zugenommen. Was war die Durchschnittsgröße einer 20-jährigen Frau im Jahr 1980?

Lösungen:
1. 12 600 ZAR (3000 mal 4,2)
2. Antwort a) ist richtig
3. 168,3 Zentimeter (170,6 minus 2,3)

Welcher Wein …

… wächst am Fuß von Vulkanen?

(Lösung: Der Glüh-Wein)

Tages genehmigten, denn so langsam bekamen sie

Achte …

… beim Kauf eines neuen Schulranzens darauf, dass „entspricht DIN 58124“ draufsteht. Dieser Hinweis stellt sicher, dass der Schulranzen kindgerecht ist.

In Großbritannien …

… prügelt sich durchschnittlich fast jede dritte Schülerin einmal pro Jahr mit einem anderen Mädchen.

Schultüten …

… gibt es seit Anfang des 19. Jahrhunderts. Bekannt ist, dass 1817 ein Schüler in Jena „eine mächtige Tüte Konfekt“ zum Schulanfang bekam. Während Schulanfänger in Westdeutschland meistens kegelförmige Schultüten bekommen, sind diese in Ostdeutschland häufig sechseckig.

„Na Lukas …

… wie gefällt es dir in der Schule.“ – „Eigentlich ganz gut. Nur die vielen Stunden zwischen den Pausen sind ziemlich eintönig.“

Bauchweh, warteten bis es komplett dunkel war

Vermischtes

1991 entdeckten zwei Wanderer in den Alpen eine über 5000 Jahre alte Eismumie. Wie wurde sie genannt?

F) Ötzi

Z) Didi

V) Hansi

Verschiedene Zeitrechnungen

Unser Kalender beginnt am 1. Januar 0000 (Geburt Christi). Er wurde von Papst Gregor XIII. im Jahr 1582 eingeführt und erhielt deshalb den Namen gregorianischer Kalender. Er löste den nach Julius Caesar benannten julianischen Kalender ab. Dieser war 11 Minuten und 46 Sekunden länger als das Sonnenjahr. Nach 128 Jahren macht diese jährlich Abweichung einen ganzen Tag aus. Der gregorianische Kalender weicht erst nach 3333 Jahren um einen Tag vom Sonnenjahr ab.

Der erste Tag des mohammedanischen Kalenders ist der 16. Juli 622 – der Tag an dem der islamische Prophet Mohammed von Mekka nach Medina übersiedelte.

Der jüdische Kalender beginnt im Jahr 3761 vor Christus, weil jüdische Schriftgelehrte für dieses Jahr die Schöpfung der Welt annahmen.

und schließlich sahen, wie der Ganove erneut mit

Wie kommen die Löcher in den Käse?

Bei der Herstellung von Käse entsteht Kohlenstoffdioxid. Da der Käse eine Rinde bildet, kann das Gas nicht nach außen entweichen und setzt sich deshalb in Hohlräumen ab. Ein berühmter Käse mit besonders großen Löchern ist der Emmentaler.

Die tiefste Temperatur …

… ist minus 273,15 Grad Celsius. Diese Temperatur wird auch als „absoluter Nullpunkt" bezeichnet, weil kältere Temperaturen nicht möglich sind.

5-mal falsche Namen

1. Meerschweinchen sind Nagetiere, keine Schweine.
2. Die Erdnuss ist keine Nuss, sondern eine Hülsenfrucht wie z. B. die Erbse.
3. Koalabären sind Beuteltiere, keine Bären.
4. Bleistifte enthalten heutzutage kein Blei mehr – geschrieben wird mit Grafit.
5. Präriehunde sind keine Hunde, sondern Erdhörnchen.

seinem Rucksack das Haus verließ, diesmal aber in

Farben und was sie bedeuten

Anthrazit Steinkohlefarben; von griech. „anthrax“ = Kohle

Apricot Blassorange; von franz. „apricot“ = Aprikose

Azur Himmelblau; von arabisch „lazaward“ = Name für den blauen Stein Lapislazuli

Bordeaux Dunkelrot wie der Rotwein aus der Region um Bordeaux

Curry Gelbbraun wie das Curry-Gewürz

Ecru Eierschalenfarben; von franz. „écru“ = ungebleicht

Indigo Dunkelblau; von griech. „indikon“ = das Indische. Die dunkelblaue Farbe kam ursprünglich aus Ostindien.

Kaki Erdfarben, persisches Wort

Lila Fliederfarben; von franz „lilas“ = Flieder

Mauve Rosa wie die Blüte der Malve

Ocker Gelbbraun; von griech. „ochros“ = Blassgelb

Sepia Braun; die Tinte der Tintenfische (Sepia) wurde früher verdünnt als braune Farbe verwendet

Türkis Grünblau; von „türkisch“, da der leuchtend blaue Schmuckstein bei den Sultanen sehr beliebt war

Umbra Erdbraun; von lat. „umbra“ = Schatten

Violett Veilchenblau; von franz. „violette“ = Veilchen

Zyan Stahlblau; von griech. „kyaneos“

eine andere Richtung ging, nämlich dorthin, wo er

7 Welttage

Welttage werden von den Vereinten Nationen ausgerufen, um weltweit an wichtige Probleme und bestimmte Themen zu erinnern, z. B.:

21. März	Welttag der Poesie
26. April	Welttag des geistigen Eigentums
17. Mai	Weltfernmeldetag
5. Oktober	Internationaler Tag des Lehrers
10. Oktober	Welttag der geistigen Gesundheit
21. November	Welttag des Fernsehens
11. Dezember	Internationaler Tag der Berge

Wie viel Wasser …

… wird für die Herstellung von Nahrungsmitteln benötigt (inkl. Regenwasser, Grundwasser usw.)?

1 Kilo Brot: 1000 Liter
1 Kilo Reis: 1900 Liter
1 Brathähnchen: 3500 Liter
1 Kilo Schweinefleisch: 10 000 Liter

… verbraucht die Industrie zur Herstellung von:

1 Getränkedose: 3 Liter
1 Kilo PVC: 550 Liter
1 Jeans: 8000 Liter
1 Computer: 30 000 Liter
1 Auto: 380 000 Liter

seinen Einbruch verübt hatte, das Diebesgut vor die

Alte Wahrsage-Methoden

Bezeichnung	Was wird verwendet?
Axinomantie	Beil
Felidomantie	Katzen
Haruspices	Eingeweide von Tieren
Kapnomantie	Rauch
Numerologie	Zahlen
Oneiromantie	Träume
Önomantie	Hefe
Ovomantie	Eier
Tephromantie	Asche
Tyromantie	Käse

Zwei Wahrsager …

… treffen sich. Sagt der eine: „Dir geht es gut. Und wie geht es mir?“

Ein Schachbrett …

… hat 64 Felder. Wenn du auf das erste Feld ein Reiskorn legen würdest, auf das zweite Feld zwei Reiskörner, auf das dritte vier Reiskörner – also die Anzahl der Reiskörner immer verdoppelst – müsstest du auf das 64. Feld des Schachbretts 9 Trillionen 223 Billiarden 372 Billionen 36 Milliarden 854 Millionen 775 Tausend 808 Reiskörner legen. Probier es aus! Statt Reiskörnern kannst du auch Papierschnipsel verwenden.

Eingangstür stellte und obendrauf einen Zettel legte

Zins und Zinseszins

Wenn du Geld auf ein Sparbuch legst, verwendet die Bank dieses Geld, um Geschäfte zu machen. Dafür, dass du das Geld der Bank zur Verfügung stellst, wirst du mit Zinsen belohnt. 1 Prozent Zins bedeutet z. B., dass du jedes Jahr ein Hunderstel des angelegten Geldes gutgeschrieben bekommst. Nach zwei Jahren bekommst du nicht nur Zinsen für das ursprünglich angelegte Geld, sondern auch für die Zinsen, die du bereits dafür erhalten hast. Das nennt man dann Zinseszins. Bei hohen Zinssätzen kann sich dein Geld dadurch schnell zu einem richtigen Vermögen entwickeln.

Aus 100 Euro werden …

	nach 1 Jahr	nach 5 Jahren	nach 10 Jahren
1 Prozent Zins	101 Euro	105,10 Euro	110,46 Euro
5 Prozent Zins	105 Euro	127,63 Euro	162,89 Euro
10 Prozent Zins	110 Euro	161,05 Euro	259,37 Euro
25 Prozent Zins	125 Euro	305,18 Euro	931,32 Euro
50 Prozent Zins	150 Euro	759,38 Euro	5766,50 Euro

Zwieback …

… heißt so, weil es sich dabei um Brotscheiben handelt, die zweimal gebacken werden, um sie haltbar zu machen. Zwieback wurde früher vor allem auf Reisen, beim Militär und auf Schiffen verwendet.

auf dem er schrieb, wie leid ihm die Sache tue und

Was gar nicht in der Bibel steht

Die Heiligen Drei Könige

Von den Heiligen Drei Königen Caspar, Melchior und Balthasar steht nichts in der Bibel. Dort ist lediglich von Sterndeutern aus dem Osten die Rede, die das Christuskind mit Gold, Weihrauch und Myrrhe beschenken. Früher dachte man, dass es nur drei Kontinente gäbe. Wahrscheinlich wurden die Heiligen Drei Könige als Vertreter jeweils eines Kontinents erfunden.

Eva und der Apfel

Oft hört man vom „Apfel der Versuchung“. Aber auch von diesem ist in der Bibel nicht die Rede. Gott verbietet Adam und Eva lediglich, vom Baum des Lebens zu essen. Dass dieser Äpfel trägt, ist wohl eher unwahrscheinlich.

7 Leuchtturmnamen

Roter Sand, Marienleuchte, Kleiner Preuße, Strukkamphuk, Pellworm, Knock, Hooksielplate

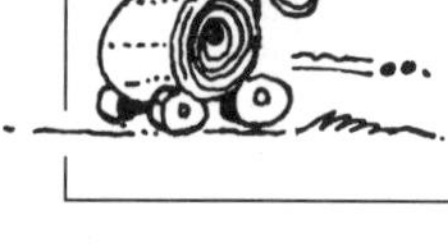

Was ist der Unterschied ...

... zwischen Toilettenpapier und einem Auto?

(Lösung: Das Auto kann man gebraucht kaufen.)

dass er sich zu bessern gedenke, worauf die Jungen

Ostern

Während Weihnachten immer an den gleichen Tagen gefeiert wird, wechselt das Datum für das Osterfest: Der Ostersonntag ist immer der Sonntag nach dem ersten Vollmond im Frühling.

2007	8. April	2013	31. März	2019	21. April
2008	23. März	2014	20. April	2020	12. April
2009	12. April	2015	5. April	2021	4. April
2010	4. April	2016	27. März	2022	17. April
2011	24. April	2017	16. April	2023	9. April
2012	8. April	2018	1. April	2024	31. März

Die Geschichte der Getränkedose

Die erste Getränkedose enthielt Bier und wurde von der amerikanischen Brauerei Gottfried Krueger auf den Markt gebracht. Seit 1948 werden auch alkoholfreie Getränke in Dosen verkauft.

Die ersten Getränkedosen bestanden aus Blech. In den 1950er-Jahren begann man, für die Herstellung Aluminium zu verwenden.

Eine Getränkedose wog im Jahr 1951 noch 83 Gramm. Heute ist die Getränkedose nur noch 21 Gramm schwer.

jubelten, was aber nicht besonders lange ging, denn

Verrückter April 2006

10. April 2006 In einer französischen Zeitschrift wurde nach den beliebtesten Wörtern von sechs- bis neunjährigen Kindern gefragt. Auf Platz 1 kam „Schokolade", gefolgt von „Bonbon", „Blume" und „Delfin". „Mama" landete zusammen mit „Pferd" auf Platz 8, „Papa" zusammen mit „Herz" auf Platz 13.

11. April 2006 Eine Frau aus Australien kaufte im Supermarkt einen Fertigsalat. Ungewünschte Extra-Zutat: ein 5 Zentimeter großer toter Frosch.

17. April 2006 Zwei Jugendliche aus Krefeld alarmierten die Polizei, weil sie dachten, in einem Keller eine Leiche entdeckt zu haben. Es war aber eine Vogelscheuche.

19. April 2006 Ein Rentner aus Kiel spülte 30 000 D-Mark die Toilette herunter, weil er nicht wusste, dass man das Geld noch in Euro umtauschen kann.

25. April 2006 Einem 17-jährigen Mädchen aus Pakistan wurde drei Jahre nach einer Blinddarmoperation die vom Chirurgen vergessene Zange aus dem Bauch entfernt.

26. April 2006 Laut einer Umfrage hat bereits jedes vierte Grundschulkind einen eigenen Fernseher.

ihnen wurde plötzlich bewusst, dass sie für diese

Das darfst du, das musst du

Laut Gesetz bist du Kind von 0–13 Jahren, Jugendlicher von 14–17 Jahren und junger Mensch von 18–26 Jahren. Hier einige deiner Rechte und Pflichten:

0 Jahre Ein ungeborenes Kind kann als Erbe eingesetzt werden.
3 Jahre Anspruch auf einen Kindergartenplatz
6 Jahre Die Schulpflicht beginnt und dauert mindestens 9 Jahre.
7 Jahre Zwischen 7 und 17 Jahren bist du „beschränkt geschäftsfähig". Bei größeren Anschaffungen musst du deine Eltern zum Einkauf mitnehmen.
13 Jahre Du darfst kleinere Arbeiten annehmen, z. B. zwei Stunden täglich Zeitungen austragen.
14 Jahre Du kannst selbst entscheiden, welcher Religion du zugehören möchtest.
15 Jahre Du kannst eine Ausbildung beginnen und den Mofa-Führerschein machen.
16 Jahre Du erhältst einen Personalausweis; unter bestimmten Umständen kannst du heiraten und in eine eigene Wohnung ziehen.
18 Jahre Du darfst wählen, Auto fahren und bist voll geschäftsfähig.
40 Jahre Du darfst Bundespräsident von Deutschland werden.

Nacht keinen Schlafplatz hatten und auch keine

Die Bibel in Zahlen

Die Bibel wurde bereits in fast 400 Sprachen übersetzt, Teile davon sogar in über 2000 Sprachen. Jedes Jahr werden über eine halbe Milliarde Bibeln gedruckt.

Die Bibel besteht aus 1189 Kapiteln und über drei Millionen Buchstaben. Würdest du dir jeden Tag drei bis vier Kapitel vornehmen, könntest du die gesamte Bibel innerhalb eines Jahres lesen.

Den längsten und ungewöhnlichsten Namen, der in der Bibel vorkommt, findest du in Jesaja 8,1: Raubebald-Eilebeute.

Die von Noah gebaute Arche war laut Bibel (1. Mose 6, 15) 300 Ellen lang, 50 Ellen breit und 30 Ellen hoch – das entspricht einer Länge von über 130, einer Breite von rund 22 und einer Höhe von mehr als 13 Metern.
Dem biblischen Bericht zufolge fanden auf der Arche Noah acht Personen und unzählige Tierpaare Platz.

Zu einem Kimono ...

... ziehen japanische Frauen Tabi an – das sind traditionelle Socken, bei denen der große Zeh von den anderen Zehen abgetrennt ist.

Toilette, obwohl das viele Eis im Magen rumorte?

Die fünf Weltreligionen

Christentum	2 Milliarden Anhänger
Islam	1,2 Milliarden Anhänger
Hinduismus	800 Millionen Anhänger
Buddhismus	400 Millionen Anhänger
Judentum	15 Millionen Anhänger

Der Berliner Hauptbahnhof …

… wurde am 28. Mai 2006 in Betrieb genommen. Für den Bau des Bahnhofs benötigte man eine halbe Million Kubikmeter Beton und 85 000 Tonnen Stahl. Er kostete rund 800 Millionen Euro.

Auf mehreren Etagen stehen 70 000 Quadratmeter Fläche zur Verfügung – die Bewohner einer ganzen Kleinstadt könnten sich auf dieser Fläche Wohnungen einrichten.

Das Ost-West-Dach des Bahnhofs ist 321 Meter lang und wird von 9117 Glasscheiben bedeckt. Höchstes Gebäude des Berliner Hauptbahnhofs ist der 60 Meter hohe Abluftkamin.

Der Bahnhof enthält unter anderem:
2 Kilometer Feuerlöschleitungen, 23 Aufzüge, 54 Rolltreppen, 1500 Kilometer Kabel, 9000 Leuchten.

Wie, du kennst diese Geschichte nicht? –

Auf Wiedersehen in

Finnland: **Näkemiin**

Frankreich: **Au revoir**

Großbritannien: **Goodbye**

Dänemark: **Farvel**

Griechenland: **Adio**

Italien: **Arrividerci**

Niederlande: **Tot ziens**

Schweden: **Hej da**

Spanien: **Hasta la vista**

Portugal: **Adeus**

Japan: **Sayounara**

Türkei: **Alaha ismarladik**

Tansania: **Kwa heri**

Ungarn: **Viszlát**

Tschechien: **Na shledanou**

Quiz-Lösungswort: BIENENWOLF

Ich auch nicht.